뱀의 교훈을 받고 있는 사람들은
여전히 에덴을 우화로 만들지만
인류 초기의 수렵 채집 인들이
고도의 기술과 예술과 종교성으로
기념비적인 거대한 제단의 타운을 조성했으니
이제까지의 문명의 이론을 뒤집어야 할
위기에 처한 것이다.

이 유적지들을 파헤치며
세계적인 고고학자로 부상한
슈미트도 기존의 지식과 이론으로
이해할 수 없는 이곳은
에덴과 같은(like) 곳이라고 말하면서도
궁금증을 풀지 못한 채 저승의 사람이 되었다

그런데 오랜 세월을
에덴의 실체를 위해 살아 온
필자의 눈에 무엇인가 보이기 시작했다.
신전의 기둥과 유물에 새겨진 상징과 그림들에서
에덴의 그림자가 어른거렸다.

에덴이 증거 되는 순간
문명의 그림자 뒤에 숨어서
인류를 거짓과 잘못된 지식으로 이끌던
거대한 사탄 뱀의 실체가 밝혀지고
하나님의 말씀이 그 신실한 증거로
세워지는 것이다.

성경이 바벨론 신화들의 산물이라는
사탄의 거짓된 증거들은 무너지고
살아있고 능력 있는 성경의 말씀들로
교회는 다시 살아날 것이다.

에덴에서 시작된 인류와
그들이 남긴 유물과 이야기 속에서
뱀의 신화가 점점 만들어지고
타락한 문화 문명 속에 정착해 나간 과정이
이제 만천하에 드러나는 것이다.

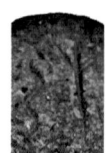

"What is the meaning of these stones?"
(Joshua 4:21)
"If they remain silent, the very stones will
cry out."(Luke 19:40)

1만년 이상 땅 속에 묻히어
침묵하던 거석들이 소리치고 있다.
에덴은 사실이라고,
성경말씀은 영원한 진리라고...

그림 1 괴베클리 테페 전경, 전체 구역 중 1차 초기 발굴 현장, UNESCO 문화재, 샹리우르파, 터키 동

그림 1-1. 괴베클리 정상에서 바라 본 주변 평원. 이곳은 하란 평원의 북쪽 지역 이다.

그림 2. 괴베클리 테페 1차 발굴 ABCD 제단, 우르파, 터키 동부

그림 3. 코르틱 테페에서 출토된 주전 10,400년 돌항아리의 문양, 디야르바키르 박물관, 터키

에덴에서 시날까지

* **표지 설명**: 책 표지 앞면은 인류 최초의 산상 예배 장소인 신석기 초기의 괴베클리 테페(주전 9600년)와 유물들 그리고 그 시대의 인물상인 우르파인이 있고, 표지 뒷면에는 카라한 테페와 유물들 중심으로 묘사되어 있다. 성경적으로는 아담으로부터 멀지 않은 후손들의 흔적으로 해석될 수 있는 것들이다.

최신 고고학을 통한 여정
에덴에서 시날까지

김 남 철

BARA

그림 4. 괴베클리 테페 신전 B, 주전 10세기, 우르파, 터키 동부

최신 고고학을 통한 여정

에덴에서 시날까지

괴베클리, 카라한, 코르틱 테페와 검은 토기 이동을 따라

Dr. 김 남 철

그림 5.. 에덴지역과 유프라테스 및 티그리스 강 상류 지역의 신석기 유적지들,

* **그림 설명:** 앞 페이지의 지도는 최근 발표된 새로운 에덴의 장소와 그 주변에 산재한 인류 초기의 고고학 유적지들에 대한 모습이다. 돌 항아리는 그 대표적 유물 중의 하나로서 일반 고고학 연대로 12,400년 전 신석기 아주 초기의 뛰어난 예술 작품이며 에덴을 도형화하여 정밀하게 새긴 것으로 본서에서 처음 발표한 것이다.

BARA는 성경N메소포타미아 유물관의 영어 이니셜 약자이며 동시에 고대 수메르 상형문자에서 에덴의 땅을 의미하는 단어이기도 하다.

6.괴베클리 테페 신전 중 가장 오래된 D 신전을 복원한 것. 중앙의 높이 5.5m T자형 두 기둥에 신의
으로 추정되는 조각이 아직 해독되지 않은 문양들과 함께 새겨져 있음. 우르파 박물관, 터키

차   례

< 일러두기 >

1. 본서에 인용된 성구는 한글 개역판을 사용하였음.
2. 본서에 나오는 유물 연대는 일반적인 고고학 연대를 사용하였음. 성경 연대와의 관계는 창조 과학회의 이론을 참고.
3. 본서의 모든 사진, 지도, 도표는 편의상 그림으로 통일하여 표기하였음.
4. 본서에 담지 못한 사진들은 성경N메소포타미아 유물관(BARA)과 <에덴의 발견>, 김남철, BARA, 2024 에서 더 확인할 수 있음.
5. 성경N메소포타미아 유물관(BARA): www.bara7.org

들어가는 말

창세기(Genesis)는 말 그대로 우주와 인류의 기원과 발전에 대해 설명해준다. 그런데 창세기 2~11장의 에덴에서 바벨탑까지의 사건들은 태고사의 이야기들로 사실적으로 보기 보다는 초역사적 초과학적 범주에 넣어 학문적 접근과 연구를 어렵게 만들어 버린 사람들이 많이 있다. 그러면서 그러한 약점을 틈타 이성주의나 자유주의 신학이 그것들을 신화화 하면서 성경의 권위와 전통을 무너트리는 일에 앞장서 왔다. 하지만 근자에 들어 다양한 학문적 발전 특별히 고고학의 새로운 발견들과 그로 인한 기존 문명사 이론들의 수정이 불가피하게 거론되고 있는 상황 속에서 창세기 2~11장에 대한 새로운 학문적 설명들이 가능해지고 성경의 사실성이 크게 증거 되므로 성경 신학과 신앙에 큰 도움이 될 수 있음에 감사하지 않을 수 없다.

필자는 오랜 동안 성경의 무대가 되는 근동지역들을 탐사하며 성경의 배경이 되는 환경들을 눈으로 보며 몸으로 느끼고 세계 유수 박물관과 연구소들에 산재해 있는 수많은 고고학 유물들을

접해 오면서 나름대로 고대로부터 일관성 있게 흐르고 있는 인류의 내면적 바람과 그 표현된 상징과 도형적 언어들이 성경의 설명들과 상당히 일치함을 깨닫게 되는 큰 기쁨을 맛보게 되었다.

그림 2 괴베클리 테페 현장에서

특별히 근자에 세상에 밝혀지고 알려진 터키 동부의 괴베클리 테페 나 키리한 테페, 코르틱 테페 등 새로운 고고학 유적지들의 발굴은 이제까지의 인류 문명사의 공식을 뒤흔들고 우리가 가지고 있던 기존 지식의 한계와 부족함을 깨닫게 했다. 그리고 일반 고고학 연대로 일만 년에서 일만 삼천년 전의 초기 인류가 현대인 못지않은 지성과 기술과 재능 그리고 예술성과 종교성 등을 가지고 있었다는 사실 앞에 많은 이들이 놀라움을 금치 못하게 되었다.

이제 우리는 성경 창세기의 에덴에서 바벨탑까지 있었던 일들에 대한 성경의 기록이 오늘날 새로이 발굴되고 전하여지고 있는 고고학 유적지와 유물들을 통해서 더욱 확실하게 설명되고

증거되는 것을 보면서 다시 한번 성경의 사실성과 권위를 깊이 느끼게 된다.

　　이러한 가운데 '에덴은 어디에 있었을까'의 물음에 대한 지난한 연구 조사로 새로이 밝혀진 에덴 땅의 위치가1) 근자에 발견되고 세상을 놀라게 한 인류 초기의 유적지들과도 상당한 관계가 있음이 나타났고, 창세기 2장에서 11장에 이르는 성경적 진실이 학문적으로 새롭게 조명 및 증거될 수 있게 되었다 . 이것은 놀라운 주님의 은혜이며 성경의 내용과 권위를 한층 더 견고하게 세워주는 일이 되는 것이다 . 여기에 더하여 대홍수와 시날 땅 그리고 수메르 문명과 성경 내용의 관련성에 대해서도 정리를 약간 더 하는 것이 좋겠다고 생각되어 이전에 출판되었으 현재 찾아보기 어려워진 내용들도 선별 추가하여 보충하였다 . 그리고 본서는 최근의 고고학 발굴물들을 중심으로 논리를 펼치기에 필자가 직접 탐방 조사하고 촬영한 다양한 유물 유적 사진 자료들을 실어 독자들의 이해를 돕도록 하였다.

그림 8. 에덴의 땅 서쪽을 흐르는 유프라테스 강, 케반, 터키

그림 9. 에덴 땅의 티그리스 강 발원지 호수 하자루, 터키 동부

1장
창조와 에덴

1 창조의 절정: 에덴과 인간 창조

어떤 사람들은 하나님의 창조와 에덴동산을 별개의 사건으로 생각한다. 그러나 성경을 면밀히 살펴보면 에덴동산은 창조의  절정이며 마지막 사건임을 알게 된다. 창세기 1장에서 하나님께서는 우주 자연의 모든 것을 창조하시고 마지막 여섯 째 날에 하나님의 형상대로 인간 남자와 여자를 만드셨다고 했다. 그리고 그 날 하나님의 창조가 마치면서 보시기에 심히 좋았다고 말씀하셨다. 그런데 남자와 여자의 창조 기사가 좀 더 자세히 설명된 창세기 2장을 보면 하나님께서 남자 아담을 먼저 만드셨고 후에 에덴동산에서 잠들어 있는 아담의 갈비뼈로 배필 여성

하와를 만드셨다고 했다. 그러면 1장의 6일째 날에 하나님께서 남자와 여자를 만드시고 심히 좋았다고 하셨으니 창세기 2장 아담과 에덴동산 안에서 만드신 여성 하와의 사건이 모두 여섯 째 날에 된 것이다. 그러니 에덴동산 사건은 창조의 마지막 날 절정에 이르는 사건이었다고 설명할 수 있다.

하나님께서는 창조의 마지막 날에 인간 남녀 창조와 가정을 만들어 주셨고 에덴동산이 그들의 거처가 되게 해주신 것이었다. 여기서 우주 만물의 창조와 더불어 가장 아름답고 귀한 사건이 한 남자와 한 여성이 사랑으로 만나 고백하고 하나 되는 신성한 가정이었고 이것은 그 다음에 나타난 인류 타락과 대홍수의 큰 심판이 왜 일어나게 되었는지를 설명해주는 중요한 근거가 되는 것이다.

불신자나 자유주의 신학자들은 대부분 성경의 창조와 에덴을 믿지 않고 하나의 신화로 치부해 버린다. 그러나 성령의 조명으로 성경이 하나님 말씀됨을 깊이 깨닫고 체험한 이들 중에는 오랜 동안 에덴에 대해 깊은 관심을 가지고 그 내용과 위치에 대

그림 10 우르파 인,
1.9m, 9000BC,
우르파 박물관

그림 11. 신석기 초기, 괴
베클리, 우르파 박물관

해 연구하고 발표하기도 했다. 그래서 먼저 에덴에 대한 성경 본문의 구체적 설명을 살펴보고 그것을 바탕으로 에덴의 위치에 대한 여러 이론들을 간략하게 분석 비판하면서 새 이론을 제시하며 근자에 밝혀진 신석기 초기 유적지들과의 관련성을 밝히고자 한다.

2. 에덴에 관한 원어 해석과 설명들

인류 최초의 낙원이었던 에덴동산이 만들어질 때의 모습에 대해 성경은 다음과 같이 설명한다. "여호와 하나님이 동방의 에덴에 동산을 창설하시고 그 지으신 사람을 거기 두시니라...강이 에덴에서 흘러 나와 동산을 적시고 거기서부터 갈라져 네 근원이 되었으니"(창2:8,10), 네 강의 이름은 비손, 기혼, 티그리스 , 유프라테 스 강이었다고 한다(창2:11-14).

그림 12. 두루마리 성경 프라이부르그대학 박물관

그런데 에덴에 흐른 강물은 하늘에서 내린 비가 아니었고 땅에서부터 솟아나온 물이었음을 먼저 설명하니 다음과 같다. "이것이 천지가 창조될 때에 하늘과 땅의 내력이니 여호와 하나님이 땅과 하늘을 만드시던 날에 여호와 하나님이 땅에 비를 내리지 아니하셨고 땅을 갈 사람도 없었으므로 들에는 초목이 아직 없었고 밭에는 채소가 나지 아니하였으며 안개만 땅에서 올라와 온 지면을 적셨

더라"(창2:4-6). 여기서 "안개"라는 히브리어 '에드(אֵד, "새로운 물바다")'는 수메르어 "이드"(id, 광대무변한 강), 아카드어 "에두"(edu, "홍수", "지하수의 분출")에서 유래했다는 주장들이 있다. 그리고 칠십인역, 불가타역, 시리아역에서는 "에드"를 "샘" 으로 번역하였다.2) 영어 번역본에서는 안개를 streams(NIV), springs(NLT), mist (KJV), water(HCSB) 등 다양하게 번역하였다.

그리고 10절에 "강이 에덴에서 흘러 나와 동산을 적시고 거기서부터 갈라져 네 근원이 되었으니"에서 "흘러 나와"의 히브리어 원문의 단어 원형은 '야짜(יָצָא)'로서 'to go out, to come out, to bring forth, to depart'의 의미를 가지고 있다.3) 이단어는 사사기 삼손에 관련된 기사에서(삿15:19) '샘물이 땅에서 솟아나오는' 모습으로 사용되었다. 또한 "갈라져 네 근원이 되었으니"에서 "근원"의 히브리어 "로쉬(רֹאשׁ)"는 문자적으로 "head, beginning, top"4)의 의미가 있다. 다시 말해 에덴 낙원은 땅에서 지하수 단물이 많이 솟아나와 흘러 동산을 적시고 거기서(동산)부터 갈라져 4 강의 머리 곧 시작이 되었다는 것이다.

또한 '에덴동산'의 히브리어 원어는 간[גַּן: gan: a garden(as fenced), an enclosure]5) 이며 가난(גָּנַן: ganan: to hedge about, to defend, to cover, to surround, to protect)에서6) 나온 단어이다. 다시 말해 에덴동산은 아무나 쉽게 들어갈 수 있는 곳이

아니고 울타리 같이 산들이 둘러쳐진 깊은 곳에 있어 구별되고 보호받는 거룩한 장소라는 의미를 내포하는 것으로 보인다. 마치 성막과 성전이 울타리로 구별되고 보호되는 것처럼 에덴동산은 a garden as fenced로서 원형적인 성소와 같은 곳이라고 볼 수 있다.[7] 실제로 유프라테스와 티그리스 강의 발원지가 되는 메소포타미아 북부는 타우루스 산맥의 동쪽과 아르메니아 고

원지대가 만나는 산악지대였다. 에덴동산은 이러한 산들의 울타리 속에 있는 신성한 곳이었다. 그래서인지 고대 수메르인들은 신들이 높은 산 위에 산다고 생각했고 그 머리에 산과 같은 높은 뿔의 관을 씌워 신성을 표현했다.

그림 13 산들 위에 있는 신들의 모습. 삼각형 뿔의 관을 쓰고 있다. 신성한 나무 옆에 이쉬타르 여신이 서있다. 대영 박물관

다시 정리하면 성경이 묘사한 에덴 낙원의 모습은 먼저 많은 지하의 샘물이 땅 위로 솟아올랐고 그것이 강물이 되어 에덴동산 전체를 골고루 적시고 4방향으로 나누어졌고 그 물은 에덴동산 밖으로 4개의 강물이 되어 흘렀으니 비손, 기혼, 티그리스, 유프라테스 강들

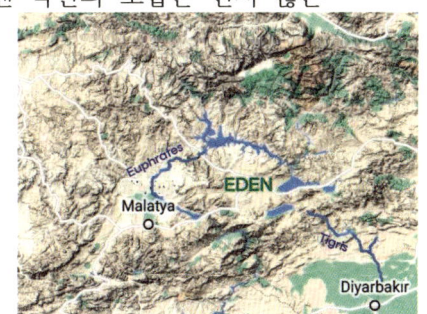

그림 14

이었다. 그리고 아담의 후손들인 초기 인류는 에덴동산 근처에서 에덴동산을 바라보며 에덴의 이야기를 품고 공유하며 살아왔고 낙원인 에덴은 더 이상 인간이 갈 수 없는 장소가 되었다는 것이 성경의 설명이다.

3. 에덴의 위치애 대한 기존 이론 비판과 제시

에덴의 위치에 대한 내용은 본서의 중심 주제는 아니므로 여기서는 기존의 몇 가지 주장을 간략히 소개하며 성경적으로 비판 설명하고자 한다. 특히 진화론적 역사관이나 단편적으로 한 주장이나 고대 신화 속의 낙원 등 성경의 내용과 관련되지 않은 이론들은 생략하고 성경과 관련하거나 역사 고고학적 근거들을 어느 정도 제시하는 이론들만 여기서 간략히 다룬다. 그리고 마지막으로 본서가 신뢰하는 가장 최근의 이론을 소개하려고 한다.

그림 15. 쿠르나 표시(흰 점선)

첫째로 이라크 남단의 쿠르나를 에덴의 장소로 주장하는 이들이 있다. 이곳은 유프라테스강과 티그리스강이 하류에서 만나고 합하여져 아랍수로가 되어 페르시아만으로 흐르는 땅이요 과거에 동쪽 자그로스산맥에서 흘러내린 강의 흔적이 이곳 가까이에서 티그리스강과 만나졌다고 주장한다. 그래서 에덴에서 4개의 강이 흐른 것처럼 쿠르나

지역도 4개의 강줄기가 연관되는 에덴의 옛 장소라고 말한다. 그리고 이곳은 인류 최초의 수메르 문명 발생 지역이기도 하여 인류의 조상 아담과 하와가 있던 곳으로 생각된다며 많은 이들이 이 주장에 동조해 왔다.

그림 16. 아랍수로, 사드알아랍 강, 아바단

그러나 이 주장이 성경의 내용과 맞지 아니하며 고고학적으로도 처음 인류가 살던 곳이 아님이 최신의 고고학 유적지와 유물들로 드러났다. 성경에서는 에덴동산이 4 강의 근원(로쉬: 머리,상류,시작)이라고 분명히 이야기 하고 있다. 쿠르나처럼 유프라테스와 티그리스 강물이 하류에서 만나고 그 만난 두 강물이 다시 아랍수로라는 다른 명칭의 강을 이루어 흘러내린 것 하고는 전혀 다르다. 성경은 처음부터 별도의 네 강이 에덴에서 발원(시작)하여 흘렀다고 문자적으로 명확히 말하고 있는 것이다. 그리고 동쪽으로부터 이 지역으로 물이 흘러왔다는 강의 흔적과 시기도 명확치 않다.

그러면서 어떤 이는 위 내용을 수정하여 서쪽 아라비아 반도

를 횡단하여 흘렀던 강의 흔적이 발견되었고 그것이 페르시아만 상류로 흘러들어간 비손강이었을 것이라며, 유프라테스와 티그리스 강의 하류와 그 두 강이 합쳐져 만들어진 아랍수로와 함께 페르시아만 상류를 어림잡아 에덴동산이 있던 지역이라고 말하는 이들도 있다. 그러나 이러한 주장들은 대부분 수메르 문명을 인류 최초의 문명 발생지로 보았기 때문에 인류의 시조 아담과 하와가 그 지역에 살아야 했고 그래서 그 주변의 강이나 물줄기들을 꿰맞춘 이론으로 생각할 수밖에 없다. 성경은 분명히 처음부터 전혀 다른 4개의 강이 에덴동산에서 나뉘어 흘러내렸고 그곳이 그 강들의 근원, 시작, 상류임을 문자적으로 명확히 말하고 있는 것이다.

혹자는 4 강의 근원(로쉬)이라는 단어를 작은 지류들이 합류해 강을 이루는 것에도 사용된다며 단어의 본래적 의미를 간과시키려 하나 성경본문에서 에덴의 강줄기의 시작과 동산에서 4방향으로 흩어짐의 구체적인 구조적 설명은 로쉬(머리,상류,시작)라는 단어의 본래 문자적 의미가 그대로 충실히 사용되고 있음을 보여준다. 그리고 최근의 하란 근교의 고고학 발견들은 인류 최초의 문명이라고 이제까지 믿어 온 수메르 문명의 뿌리가 훨씬 이전의 신석기 초기부터 이미 유프라테스와 티그리스 강의 상류지역에 있었음을 말해주고 있다. 이것들에 대해서는 다음 장에서 충분히 설명될 것이다.

둘째로 혹자들은 예루살렘을 옛 에덴동산의 지역이라고 말한다. 이것은 신앙인들이 보편적으로 믿고 싶어 하는 주장이기도 하다. 예루살렘은 아브라함과 다윗을 거쳐 예수님의 십자가와 무덤과 부활과 승천 그리고 성령의 강림 등 거룩한 사건들이 일어난 장소이고 또 앞으로도 영적인 일들이 계속 일어날 장소로서 에덴동산도 여기 있었고 모든 것이 여기서부터 시작되고 예수님의 재림도 시온에서 이루어져 인류의 시작과 끝이 여기였으면 하는 바람에서 선호하는 이론이다. 그러나 이것은 너무 영적으로 치우쳐 중심을 잃어버린 주장이다.

하나님은 온 세상을 아름답게 창조하셨고 인류가 온 세상에 퍼져 세상을 정복하고 다스리며 하나님의 영광을 드러내는 존재로 살아갈 것을 명하셨다. 본래 예루살렘을 포함한 가나안 땅은 소돔과 고모라까지 포함한 죄와 저주의 땅으로 여호수아 때에야

그림 17. 감람산에서 바라 본 구 예루살렘 성과 성전 구역

비로서 그 땅을 차지했고 예루살렘 성은 다윗의 때에 점령하였다. 유대인들은 다시 그 땅에서 쫓겨나 세상의 디아스포라가 되었고 성전이 있던 장소는 이천년이나 황폐하게 되고 지금까지 이방의 신전이 차지하고 있다. 이스라엘 땅만이 아닌 이 세상 전체가 하나님의 창조물이요 하나님이 사랑하시고 임재하시고 구원하시는 영역이다.

성경은 "여호와 하나님이 동방의 에덴에 동산을 창설"(창2:8)하셨다고 말한다. 에덴동산은 동방에 있었다. 그런데 어디를 기준으로 동쪽인가? 지구는 둥글다. 지구의 어떤 곳도 기준이 정해져야 거기서부터 동서남북이 설명된다. 한국은 중국의 동쪽에 있다. 그러나 일본에서 보면 서쪽에 있다.

우리는 동방하면 쉽게 레반트 지역을 생각한다. 그리고 예루살렘이 레반트 지역에 있으니 예루살렘이 동방의 에덴이 될 수 있다고 생각한다. 그러나 모세 때는 레반트란 이름조차 없었다. 레반트(Levant)라는 이름은 이탈리아어 Levante에서 유래했는데 'rising'의 의미의 단어로 동쪽에서 해가 떠오른다는 의미가 담겨있다.[8] 다시 말해 유럽을 기준으로 주로 지중해 동쪽 연안을 가르키는 단어이다. 13세기 이후로 사용되다가 15세기에 프랑스어에서 영어로 도입되어 사용되고 있다.[9]

그런데 모세가 성경을 기록할 때 세계 문명의 중심은 지금의 서양이 아니었다. 오히려 근동 세계였다. 그러므로 '동방의 에덴'은 말씀을 받고 그것을 기록한 주전 15세기의 모세와 그것을 간직한 히브리인들을 중심하여 동쪽에 있었던 것이라고 보는 것이 맞는다. 고든 J 웬함도 "동방의"를 "이스라엘 땅의 동쪽"으로 규정하고, '메소포타미아나 아라비아의 어딘가'에 에덴이 있음을 나타낸다고 했다.10) 구약 성경에 성막과 성전이 예수 그리스도를 상징하는 돋는 해(눅1:78)가 있는 동쪽을 향하여 입구가 열려있었듯이 성경은 그들의 동방에 하나님이 임재하시고 생명나무가 있던 에덴동산이 있었다고 말하는 것이다.

그리고 예루살렘을 에덴동산의 장소로 주장하는 이들의 좋은 근거가 기혼 샘의 이름이다. 에덴동산에서 흘러내린 둘째 강의 이름이 기혼 강 이었는데 예루살렘에는 오래전부터 기혼 샘(그림 18)이 있었으니 에덴동산과 연결의 끄나풀로 삼는 것이다. 그러나 샘과 강은 전혀 다른 것이다. 에덴동산에서는 샘이 아닌 기혼 강이 큰 물줄기로 흘러내린 것이다. 그것도

그림 18.

예루살렘이 아닌 구스 온 땅을 둘러 흘렀다. 그리고 고대에는 좋은 명칭을 여기지기서 함께 사용하는 경우가 많이 있었다. 예를 들면 함의 자손에도 하윌라가 있고 셈의 후손에도 하윌라가 있다. 구스라는 명칭을 가진 장소는 아프리카에서 히말라야 산자락에까지 여기저기에 많이 있다. 그리고 작은 시내에 사용된 같은 이름을 큰 강 유프라테스와 동일시하는 것도 안 된다.

셋째로 에덴동산을 이란 북부 우르미예 호수 주변 지역으로 주장하는 이론이 있다. 데이비드 롤(David Rohl)은 영국의 고고학자로서 에덴과 관련된 저술들로도 잘 알려져 있다. 그는 실제로 메소포타미아 남부에서부터 이란 북부의 우르미예 호수 근교까지 탐사하며 많은 역사 유물 자료들을 제시하고 성경자료들을 인용하면서 이란 북부 우르미예 대 호수 근교 타브리즈의 사한드 산 지역이 에덴동산이었다고 주장했다. 그런데 그의 연구와 주장의 바탕에는 수메르의 장편 서사시 '엔메르 카르와 아라타의 주'에 나오는 우르크의 사신들이 고대 북방의 아라타 왕국을 찾아가는 경로를 토대로 탐사하며 내린 결론으로 결국 수메르적 딜문을 찾은 것이라고 말 할 수 있다.

그리고 그 지역은 필자의 분석으로는 범죄 한 후 하나님의 벌을 받고 에덴의 동쪽을 향해 떠난 가인과 그 후예들이 정착한 곳으로 판단되는 곳이다. 이 지역은 자그로스 산맥의 상부지역

그림 19. 타브리즈 위치 흰 점선

그림 20. 우르미예 호수가 평원, 타브리즈, 이란 북부

으로 토기의 발생과 연금술의 시작 등 인류 초기 문명과 관련이 있고 농사에 익숙했던 가인과 그 후예들이 만든 토기들과 창세기 4장에 가인의 후예들이 철과 구리로 기구를 만든 광물질이 많은 자그로스 산맥들과 어울리는 곳이다.

그림 21. 데이비드 롤에 의해 주장된 에덴의 땅에 있는
암혈 마을, 타브리즈, 이란 북부

넷째로 가장 최근의 이론이요 필자가 처음으로 연구 발표한 지역으로 에덴과 동산의 위치를 유프라테스와 티그리스 강의 상류 발원지가 되는 곳인 터키 동남부의 엘라지 주변 지역으로 정의한다. 기존에 메소포타미아 상부로 대략 크게 추정하는 주장들이 있었으나 고고학 및 다양한 분야의 학문적 자료들을 근거로 지역을 세분화하고, 기혼강과 비손 하윌라 땅까지 조사해 전체적으로 발표한 것은 처음의 일이다. 성경의 내용을 가장 확실한 기본 바탕으로 하여 히브리어 해석과 함께 최신의 다양한 고고학과 문명사적 자료들 그리고 수메르 상형문자들과 고대 언어

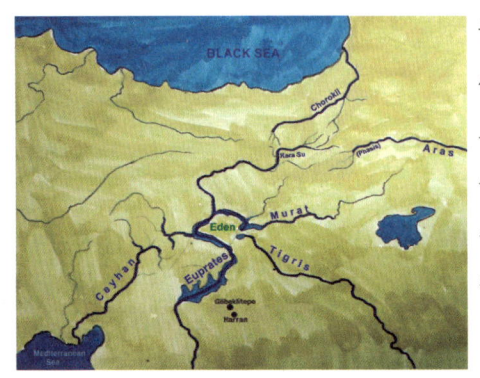
그림 22. 4 강이 표시된 에덴 지역 지도

들 및 지리 지질학적 자료들을 조사 연구해 발표한 새로운 이론이다. 그러나 에덴의 위치는 본서의 큰 주제가 아니므로 다음 책을 참고하시기 바란다(<에덴의 발견> 증보판, 김남철, 2024 바라).

이 지역에 티그리스 강의 발원지인 하자루 호수(Lake Hazar)가 있고 또한 이 지역의 북쪽에서 흘러내려 오는 카라수(Karasu) 강과 동쪽에서 흘러 온 무라트(Murat) 강이 만나는 이 지역에서 유프라테스 강의 본류가 시작되는 것으로 브리태니커 사전은 기술하고 있다.[11] 이 지역에서 서쪽으로 흐르다 산맥에 의해 끊어지고 다시 산 위에서 반대편 아래로 흐르는 제이한(Jaihan) 강의 이름은 페르시아어에서 유래된 기혼 강으로 지중해로 흐르며 그 강가 유적지에서 생명나무 앞에서 춤추는 예배자의 돌 비

그림 23.

문이(그림 23) 발견되어 성경과 무관치 않음을 보여주며 멀리 동북쪽 지역은 고대 수메르 비문의 내용을 통해 하윌라로 일컫는 장소로 인정되며 고대로부터 파신 또는 비손의 지명이 남아 있음이 고 지도로도 밝혀졌다.[12]

또한 성경은 에덴동산에서 추방당한 아담은 이마에 땀을 흘리고 가시와 덩굴을 걷어내며 땅을 파는 수고

를 하게 될 것이라 했고 그 아들 가인은 농사를 짓는 자가 되어

농산물로 하나님께 제사를 드
렸으니 성경대로라면 에덴동
산 주변은 인류 최초의 농경
사회를 이룬 곳과 연계 되어
야 할 것이다. 그런데 많은
학자들의 연구 조사에 의하면
에덴의 땅이 있는 메소포타미
아 상부에서 레반트에 이르는
지역이 인류사에서 최초의 농
경사회를 이룬 곳으로 밝혀졌
다(그림 24, 26).

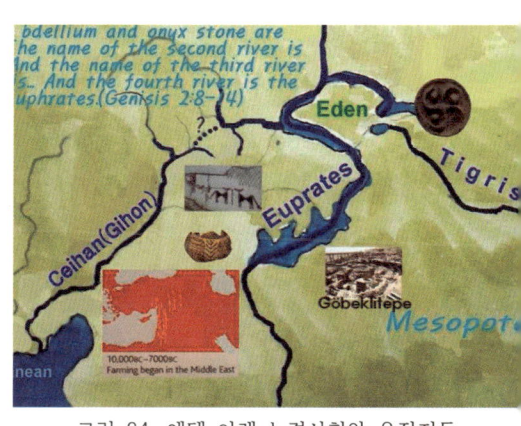

그림 24. 에덴 아래 농경사회와 유적지들

그리고 엘라즈에서 가까운 말라티야는 유프라테스 강을 끼고
있는데 그 곳의 한 테페에서는 오천년 전의 농사벽화가 왕궁 벽
면에 그림으로 남아 있다(그림 25). 그런가 하면 이 주변 유프

그림 25.. 에덴의 강 건너 인류 최초 농경사회 지역의 오천년 전
농사 벽화(재현), 왕궁벽화, 3500 BC, 말라티야 박물관

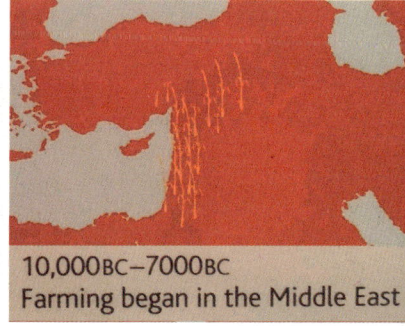

그림 26. 대영 박물관

라테스 강에서 티그리스 강까지의 상 메소포타미아 지역에는 상당히 많은 인류 초기 신석기 유적지들이 모여 있고 최근에 세상을 놀라게 하는 고고학 유물들이 발굴되면서 이 지역이 인류 및 메소포타미아 문명의 뿌리였을 가능성을 보여주고 있다.

터키 정부는 이 주변 지역에 산재한 신석기 유적지들을(그림 20) 대대적으로 발굴하는 타쉬 테펠러 프로젝트를 세계적인 고고학계와 협력하여 실행하고 있다. 이미 괴베클리 테페는 인류 최초의 산상예배 장소로 인정되고 유네스코 문화재로 등재되었고 이어지는 발굴들은 문명사의 기존 이론을 수정하게 할 정도로 대단한 유물들이 계속 나오고 있다 그 중에서도 가장 초기의 코르틱 테페와 카라한 테페에 대해서는 다음 장들에서 상세히 다루게 될 것이다. 그런데 이러한 유적지와 유물들이 필자가 이미 발표한 에덴의 위치와 맞물려 새로운 증거를 더해주고 있다.

그림 27. 괴베클리 테페 유적 발굴 현장, 9600- 8000 BC, 우르파, 터키 동

2장

인류 초기의 유적 유물 속에 나타난

에덴의 상징들

그림 28. 유프라테스와 티그리스 상류 강가의 신석기 유적지들, 터키 동부

그림 29-1 괴베클리 테페의 D 신전 전체를 재현한 모습, 우르파 박물관, 터키

그림 29-2

근자에 터키 동남부의 괴베클리 테페, 카라한 테페, 코르틱 테페 등 신석기 초기의 많은 유적지들이 계속 발굴되면서 인류 초기의 수많은 유물들이 쏟아져 나오고 있다. 그 중 어떤 것들은 인류의 문명사를 다시 쓰게 할 만큼 놀라운 것들이다. 괴베클리를 통해 알려진 인류 초기의 집단 예배 장소와 더불어 카라한 테페나 코르틱 테페 등에서 출토되고 보여지는 유물이나 거주지 신전 및 건축물에 드러난 여러 모습들은 문명에 대한 기존의 지식과 이론을 뛰어넘는 것들이 많이 있다.

그리고 이러한 유적지들은 대부분 메소포타미아 상류 유프라테스 강과 티그리스 강 주변과 그 사이 골든 트라이 앵글에 있는 것들이다. 터키 정부는 특별히 이 지역에 있는 PPN 신석기 (10,000-7000 BC) 12개의 유적지를 선정해 본격적인 발굴 작업에 들어갔으니 'Tash Tepeler'(Stone Mounds) Project인 것이다. 이전 장에서 살펴본 바와 같이 에덴에서 흘러내린 4 강 중 두 강이 유프라테스와 티그리스 이다. 그렇다면 이 두 강의 상류 지역은 성경적으로 아담의 후손 곧 초기 인류가 정착한 곳들이 되기에 이 지역에서 근자에 발굴되고 있는 신석기 초기 유물과 유적들에는 에덴 및 창세기 초기 사건들과 관련된 어떤 흔적들이 남아 있을 수 있다고 생각할 수 있으므로 비교 고찰해 보려고 한다.(연대문제는 창조과학자들을 통해 정리되면 좋을 것이다).

그림 30. 괴베클리 신전 A

1. 괴베클리 테페와 에덴

1) 개괄적 설명

괴베클리 테페는 토기 이전의 신석기(PPN) 고고학 유적지로서 터키 남동쪽 하란 평야의 우르파 근교에 있다. 세계 최초의 체계적인 거석 종교 제단을 갖춘 산상 예배처소로 잘 알려져 있다. 독일 고고학자 클라우스 슈미트(Klaus Schmidt)에 의해 1995년부터 본격적으로 발굴되기 시작하여 그 규모가 점차 밝혀지면서 세계를 놀라게 하였고 2018년 UNESCO 문화재로 등재되어 계속 발굴 연구 중이다.[13]

그림 31. 신전 C 주전 10 세기 후반   그림 32. 신전 D, 주전 10 세기 중반

슈미트는 이 테페의 가장 오래된 층 Ⅲ는 10,000 calBC, 다음 젊은 층의 연대가 9,000 calBC라고 했다[14]. 세분화 하면 방사성 탄소 연대로 가장 오래된 레블 Ⅲ는 9600-8800 calBC, 레블 Ⅱ는 8800-8200 calBC로 여겨지며[15] 일반적으로 주전

9500년에서 주전 8000년의 선사 유적지로[16] 말한다. 배불 떼기 (괴베클리 의미) 모양의 산 위에 자리한 이 유적지에는 20여개의 예배제단이 있는 것으로 파악되었으며 현재로는 가장 오래된 지층 레블III 서너 개의 제단만 온전히 발굴 전시되고 있으며 여전히 땅 속에 묻혀있는 제단들이 고고학자들의 손길을 기다리고

있다. 2021년까지 10%만 발굴되었다. 대부분 원형내지 타원형 형태의 2중 3중 벽면에 다수의 T자 형 돌기둥이 사이사이 세워져 있고 중앙에는 거대한 티자형 돌기둥 두개가 세워져 있다. 신전 D의 가장 큰 기둥은 약 5.5m의 높이에 무게가 20톤에 이른다. 그리고 기둥들에는 추상화 된 긴 팔이나(그림 33, 37), 다양한 종류의 동물들이 곳곳에 새겨져 있다(그림 38-42).

그림 33.

많은 이들이 이러한 것들에 대한 다양한 해석과 이론을 제시하고 있는 중 가장 크고 오래된(9600-8800BC) 제단인 D C B

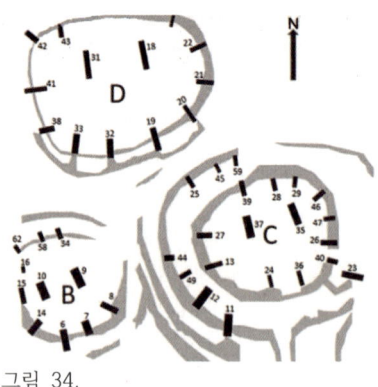

그림 34.

그림 35. Eden과 신석기 유적지

2장 유적 유물 속에 나타난 에덴의 상징들

제단의 중앙 제단이 모두 북쪽을 향하여 세워진(그림 34) 것에 대해서 특별히 놀라워하고 있다. 어떤 천문학자들은 돌기둥에 새겨진 동물들의 형태와 구성이 하늘의 별자리 모습이라고 하며 그것이 특별히 그 시대 북쪽에 있던 유난히 밝은 별 시리우스

자리를 향한 것이라고도 말한다.17) 그런가 하면 콜린스(Andrew Collins)는 아마도 북쪽에 아주 중요한 것 또는 기억하고 기념할 만한 것들이 있어서 제단의 방향이 그렇게 설정되었을 가능성이 있다고도 했으니 이것은 아주 타당성 있는 말이다. 필자에 의해 최근 밝혀진 대로 바로 그 제단에서 멀지 않은 북쪽에 에덴동산 이라고 하는 신성한 지역과 사건들이 있었기 때문이다(그림 35).

에덴에서 추방되어 에덴을 바라보며 살아온 아담의 후손들은 늘 마음의 고향인 에덴을 잊지 않고 살았을 것이다. 마치 세계의 모든 이슬림 사원은 매기를 항히여 건축되고 모든 이슬람 교인들은 메카를 향하여 절하는 것처럼 또한 성막과 예루살렘 성전은 늘 해 뜨는 동편을 향하여 세워졌듯이 신과 인간의 만남이 있던 에덴동산, 더 이상 들어갈 수 없는 그리운 낙원이 있던 곳, 그리고 자신들의 조상이 살았

그림 36.

그림 37 D제단 중앙 동편기둥

던 자신들의 뿌리 고향인 북쪽을 향해 예배의 제단을 쌓았다고 말하는 것이 자연스러운 것 같다.

에덴은 하나님이 임재하시고 돌보시던 거룩한 곳이다. 그래서인가 괴베클리 신전 D 중앙의 거석 기둥에는(그림 37) 머리와 전체 모습이 추상화된 T 자형 기둥을 긴 팔이 감싸듯 새겨져 있다. 고고학자들이 말하는 것처럼 신의 큰 손을 상징하는 것처럼 느껴지게 한다.18) 그리고 카라한 테페에서 발굴된 한 T 자형

그림 38. 독수리와 동물들 D제단 43번 기둥

기둥에는 정면으로 사람의 얼굴 형태가 만들어져 있어(그림 36) 당시 T자 형 기둥들의 상당수가 추상화된 사람의 머리 부분 내지 의인화된 신의 모습일 수 있다고 판단케 한다. 그리고 초기 인류는 비록 하나님으로부터 멀어졌지만 죽음을 지나 다른 세계에 있는 조상과 신을 향한 종교성은 여전히 남아있었다.

그리고 인류 최초의 괴베클리 거석 신전의 제단이 낙원 에덴을 향하여 있기에 그 많은 제단의 기둥들에는 낙원에 있던 그리고 지금은 자신들과 함께 사는 많은 동물들이 새겨져 있다고 볼 수 있다(그림 38 외). 슈미트와 함께 오랫동안 이 지역을 연구 조사한 고 동물학 고고학자인 앙겔라 폰 덴 드리슈는 그 당시 이 지역은 동물들이 우글거리고 강을 따라 과일 견과류 등의 나무숲이 늘어선 곳으로 당시 수렵채집인 에게는 낙원처럼 보였을 것이라고 말했다.19)

그림 39. 제단 C

성경에 에덴동산에서 아담에게 주어진 가장 중요한 일의 하나
가 동물들에게 이름을 지어주는 것이었다(창2:19-20). 동물들은
인간과 어느 정도 교감을 나누는 존재들이다. 수렵 채집에서부
터 농경사회의 가축들에 이르기까지 인간과 동물은 떼려야 뗄
수 없는 가장 가깝고도 필요한 존재들이었고 에덴동산을 지키던
그룹천사는 사람 소 독수리 사자의 모습을 함께 가진 신성한 존

그림 40. 소

그림 41. 사자와 독수리

그림 42.

재로서 나타났고 어쩌면 당대의 사람들에게 동물들을 신의 세계
와 연결 짓게 하는 존재로 여길 수 있게 하였다고 볼 수 있다.
그래서인지 당대의 많은 신전 기둥들에는 사자, 독수리 소의 모
습 등 다양한 종류의 짐승들이 새겨져 있있다. 특별히 독수리외
사자 소의 모습이 대표적으로 크게 부각되어 있었으니 이 동물
들은 인간이 갖지 못한 뛰어난 특징과 능력을 가지고 있으며 성
경에 에덴동산을 지키던 케루빔 천사(사람, 사자, 독수리, 소의
모습이 함께 있는 신성한 존재)의 모습이기도 했다.
그리고 괴베클리 테페에서 많은 종류의 짐승들의 뼈가 나온

것으로 보아 아마도 건축자들의 식용이나 신에게 제물을 드렸을 가능성도 추정해 볼 수 있다는 주장이 있다. 특별히 가장 오래된 D의 북쪽을 향한 제단 위에 짐승 제물이 놓여있는 것이 발견되어(그림 43) 그러한 추론을 낳게 한다. 이것은 마치 에덴동산에서 추방된 후 아담의 아들 아벨이 짐승을 잡아 하나님께 제사를 드린 것을 연상케 한다. 또한 셋의 아들 에노스가 당시 하나님의 이름을 불렀다고 했으니(창4:26) 하나님께 아벨처럼 짐승의 제사를 드리며 예배를 드린 것으로 해석되고 그 후손들이 남쪽으로 이동하며

그림 43.

북쪽이 잘 보이는 배불데기(과베클리) 산 위에 큰 거석 제단을 세우고 짐승의 제사를 드렸을 가능성을 생각해볼 수 있다. 그러나 양이나 염소가 아닌 멧돼지를 드린 것이라면 그들이 에노스에서 노아로 이어지는 정통 신앙 후손의 계열이 아니라고 추정할 수 있다. 아담에게는 성경에 이름이 거명되지 않은 많은 자손들이 있었기 때문이다.

그림 44
1.92m

초기 인류는 죄로 타락한 존재가 되어서 하나님에 대한 바른 신앙을 잃어버렸고 막연하게나마 신을 찾는 단계이고 점점 영성이 어두워져 어쩌면 인간과 동물의 모습이 함께 있는 수호 그룹천사의 네 모습을 중심으로 동물들을 신으로 숭배하는 토테미즘으로 가는 단계라 볼 수 있다. 그래서 인간과 동물이 함께 섞인 토템기둥들이(그림 34) 발굴되기도 했다. 그리고 그 제단들은 수

백 년 이상 사용되다가 파괴된 것이 아니라 부분적인 자연의 침식 속에 그대로 묻어 땅 속에 보존되었고, 1600여 년간 제2 제3의 제단들 20여개가 여러 집단에 의해 세워지고 사용되어 온 것으로 파악되고 있다. 이것들은 대부분 매장되어 존중히 여겨진 제단들 모습으로 오늘날까지 남아있다.

그림 45

괴베클리는 농경 사회 이전 인류 최초의 거석 집단 예배의 처소이었고, 주변에 흩어져있던 초기 인류가 종교적 행위를 위하여 필요한 때에 그곳에 찾아와 제단을 쌓고 신앙적 존재를 향한 의례 의식을 거행한 성스러운 장소로 나타났다. 초기에는 건축자들이 일시적으로 사용한 것으로 보이는 주거지 형태가 약간 남아있고 오랜 시간이 지나면서 주거지가 일부 형성된 것으로 파악되고 있다. 여기서 출토된 유물들 중에는 두 팔을 가슴에 가지런히 모은 예배자와 같은 인물상도(그림 45) 있고 성경에 선악과를 따먹도록 유혹한 뱀처럼 나무와 뱀이 함께 새겨진 돌판(그림 46)도 있어 에덴의 사건도 떠올리게 한다.

그림 46 사진
부분 첨부

그런데 괴베클리의 발굴이 많은 이들을 더욱 놀라게 하는 이유는 이제까지는 인류의 문명발전이 신석기 농경 사회가 먼저 형성되고 그 사회의 구조적 발전 속에 종교를 비롯한 여러 문화 요소들이 생성되어 나간 것으로 생각했지만 괴베클리 유적은 사람들이 먼저 신앙을 중심으로 모이고 조직화되고 기술과

노력이 집대성하면서 거대한 건축물과 사회적 발전을 이루어 나
간 것이었고 농경사회 이전에 오히려 종교가 중심이 되어 사회
가 구성 발전하는 모습을 보였다는 것이다. 미개한 원시인처럼
생각했던 구석기 말에서 신석기 초기의 수렵채집인이 현대인 못
지않은 기술과 능력, 종교성과 예술성으로 이러한 기념비적 신
전건물들을 세워나갔다는 것이 이제까지의 진화론적 이론으로는
믿어지지 않는 것들 이었다.

그러나 성경은 인간이 처음부터 신의 형상을 닮은 고귀하고
뛰어난 종교적 도덕적 지성적 존재로 창조되었음을 설명하고 있
으니 최근의 이러한 유물 유적들이 오히려 성경의 내용과 맥을
같이하고 있는 것이다. 그리고 이제까지는 수메르 문명이 인류
의 처음 문명으로 여겨왔는데 그 뿌리가 메소포타미아의 상류
유프라테스와 티그리스 강 주변 지역이 될 수 있다는 것은 에덴
의 장소가 바로 그 북쪽 엘라지 주변이었다는 새로운 이론과 맞
물려 성경의 에덴을 증거 하는 귀한 자료들이 된다.

2) 슈미트와 연구자들의 의문에 답하며

괴베클리의 최초 발굴자요 20년의 헌신적 발굴과 연구를 통
하여 세계 최초의 기념비적 거석 예배제단인 괴베클리를 세상에
알리고 유명을 달리한 고고학자 클라우스 슈미트(Klaus Schmidt)
는 생전에 신석기 초기 인류가 남긴 문제들을 안고 씨름을 하였

고 어떠한 것들은 여전히 답을 찾지 못한 채로 유명을 달리하면
서 다음 세대에 그 과제들을 남겨주었다.

역사의 진실을 밝히기 위해 일생 외로운 산지에서 땀 흘리며
땅을 파고 책상 앞에서 연구하며 고독한 지적 싸움에 헌신한 그
분과 동료들이 이룬 헌신적인 결과로 우리에게 알려진 인류초기
의 기념비적 사실들에 대해 연구자의 한 사람으로서 다시 한 번
감사를 드린다. 더불어 아직도 명쾌하게 풀리지 않은 여러 사항
들에 대해 오랫동안 메소포타미아의 유물들과 에덴을 연구해온
필자는 괴베클리를 위시한 신석기 초기 유적지들이 필자가 발표

한 성경의 에덴지역 아래 가까이
있음을 확인하고, 에덴을 배경으로
성경적 해석을 가하니, 그 동안의
많은 궁금증들이 안개 걷히듯 풀리
고 보이게 되었다. 필자의 이러한
해석과 설명이 이것을 연구하는 이
들에게 그리고 성경말씀을 믿고 따
르는 이들에게 조금이라도 유익을

그림 47. 괴베클리 테페 전경

끼칠 수 있다면 좋겠다는 마음으로 글을 이어간다.

슈미트는 괴베클리를 발굴하며 자신도 예상치 못했던 인류 최
초의 기념비적 거석 제단의 모습들에 깊은 감동을 느끼며 이것
들이 어떤 면에서 마치 '에덴과 같은 곳(Eden-*like* place)'이라

고 표현하기도 했고[20] 그 지역 사람들은 '배불 떼기 언덕'(그림 47)이라는 의미의 '괴베클리'를 아예 '아담의 배꼽'이라고 부르기도 했다. 그런데 슈미트는 한 때 그의 말이 와전되어 곤란한 일을 겪기도 했으니 그것은 괴베클리 테페가 '에덴 같은 곳(Eden-like place)'일 수 있다고 한 말이 'a temple in Eden'이라는 말로 신문들에 크게 보도되고 퍼져나가 혼란을 겪은 것이었다. 에덴이 인류가 시작된 곳인 것처럼 괴베클리는 수렵채집인들이 최초의 거대한 신전 제단들을 만들면서 영구 정착의 신석기 혁명 농경사회를 이루어 나갔다는 것이었다.

그런데 괴베클리 발굴 작업이 진행될수록 슈미트를 위시한 연구자들을 더욱 궁금하게 만드는 것들이 나타났다. 일부는 여러 방면의 전문가들이 다각적인 연구 조사를 통하여 해석 판단되기도 했지만 약 12,000년 전의 수렵채집인과 신석기 인들이 남긴 기념비적인 거석의 건축들과 그 위에 새겨진 상징적 조각들은 여전히 현대의 지성인들과 과학자들을 곤궁에 빠트렸고 최초의 발굴자요 신석기 문명의 대가가 된 슈미트 박사 마저도 끝내 풀지 못한 숙제들을 남긴채 유명을 달리했다.

슈미트는 그의 발굴 작업 후반의 논문(2010) 마지막에서 다음과 같이 말하니 "새로운 발견을 이해하기 위해서는 비교 종교, 건축 및 예술 이론, 인지 및 진화 심리학, 사회 네트워크 이론을 사용하는 사회학자 등과 같은 전문가들과 긴밀히 협력해야

한다"21)고 했다. 필자는 성경학자의 한 사람이요, 에덴과 메소포타미아 유물을 오랫동안 연구해온 사람으로서 새로운 각도에서 괴베클리를 해석함으로 역사의 진실과 진리를 밝히는데 도움을 주었으면 하는 바람으로 다음과 같이 여러 의문들에 대해 답하게 되었다.

(1) 왜 오래된 제단일수록 더 뛰어났는가?

괴베클리 발굴작업이 진행될수록 슈미트를 위시한 연구자들을 더욱 궁금하게 만든 것들 중의 하나는 더 오래된 제단이 발굴되면 될수록 그 규모나 기술, 예술성이나 종교적 암시와 상징이 더 구체화 정교화 되고 깊어졌다는 것이었다. 고고학 발굴에서는 대체로 시간이 오래된 것일수록 단순하고 미숙한 모습들을 보이다가 후대에 의해 나중에 더 발전된 모습을 보이는 것이 일반적인데 괴베클리 테페는 반대의 현상 이었다.

가장 오래된 지층 레블 III에 있는 발굴순서 A-B-C-D는 나중에 발굴되고 오래된 것일수록 더 심오함을 보인 것이었다. 다시말해 가장 오래된 D 제단이 규모도 가장 크고 뛰어넌 기술을 통한 건축이 이루어졌을 뿐만이 아니라 그들이 남긴 문자 같은 그래픽 조각과 많은 동물의 상징들은 난해하기만 했고 어떤 신비로운 비밀이 담겨있는 것처럼 느끼게까지 했다. 그리고 제단들은 기하학적으로도 정확했으니 건축시기가 다른 초기 BCD제단들의 중심의 꼭지점은 정삼각형을 이루는 것으로 나타났고22)

이런 것들이 당시 건축자들의 치밀하고 정확한 계획 속에 이루어진 것으로 보였다. 그리고 43번의 작은 T 형 기둥에 새겨진 동물들의 모습은(그림 38) 12,000년 전의 하늘의 별자리와도 일치한다는 연구발표도[23] 나와 모두를 놀라게 했다. 이제까지 미숙하고 미개한 삶을 사는 것으로 생각했던 당시의 수렵채집인들이 현대인 못지않은 지식과 기술과 예술로 이러한 기념비적 건축물을 남겼다는 것은 정말 세계를 놀라게 할 만한 일이었다.

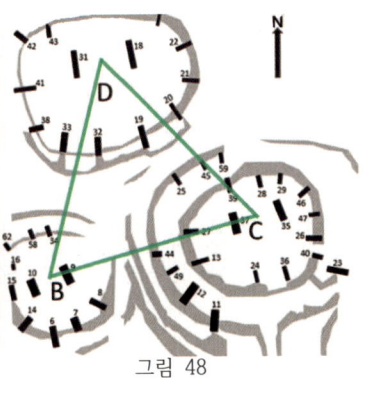

그림 48

그것도 금속도구나 특별한 기구가 없이 원시적 돌과 자료로 거대한 바위를 자르고 운반하고 조각하고 세우고 배열하는 모든 것이 고도의 기술과 지식과 힘과 재능을 필요로 하는 것들이었고 그것들은 연습하거나 실패한 별다른 흔적들이 없이 고도의 정교함으로 완성해 나갔다는 것들은 우리의 기존의 상식과 이론으로는 이해할 수 없는 것들이었다. 그리고 아직 사회가 구성되지 않았다고 믿어 온 시기에 많은 사람들이 동원되고 조직되고 체계적인 협력과 질서로 거대하고 정교한 건축물을 완성시키고 사용하다가 파괴하지 않고 수 천 톤의 흙과 돌들로 다시 그 곳을 메워 보존케 한 일련의 일들은 약 12,000년 전의 구석기 말에서 신석기로 넘어가는 시기의 사람들(영거 드라이아스의 수렵채집인들)이 할 수 있는 일들이 아니었다. 그러나 그들은 그렇게 했다. 그리고 그 기념비적 유물 유적들이 오늘 우리 눈앞에 사실 그대로를 보여주고 있으니 기존의 문명사적 지식과 이론들이 수정되고 다시 정리되야 하는 단계에 이른 것이다.

그런데 이 모든 일들에 대해서 이미 성경은 분명하게 말해주고 있었으니 인간은 진화가 아니라 처음부터 하나님의 형상대로 완전하게 창조된 가장 우수하고 존귀한 존재이며, 시조 아담에 가까울수록 그 지혜와 재능과 능력들은 더 뛰어난 것들이었다. 특별히 초기 인류에게는 하나님이 장수의 은혜를 주셔서 1000년 가까이도 살았기에(아담에서 노아에 이르기까지의 인물들 중에는 969세 까지 산 이(무드셀라)가 있었고 아담도 930세를 살며 많은 자손들을 낳고 키웠다.) 초기 사람들이 가진 신체적 정신적 예술적 능력이 더 출중할 수 있음을 짐작할 수 있다. 그리고 그들이 오래 살면서 축적한 지식과 기술로 빠른 시간에 만든 고대 문명들은 현대인들이 보기에는 불가사의 하다고 느낄 수 있는 것이다. 그러나 성경의 렌즈로 들여다 볼 때 이 모든 사실들은 정상적으로 일어날 수 있는 일임을 알게 된다. 그리고 조기 인류의 상수에 대해서는 후에 수메르 왕명록 (그림 49)에도 기술되고 있으니 대홍수 이전에 살던 왕들의 수명을 60진법에서 십진법으로 환산하면 1000년 전후로 많이 나와 있다. 성경은 이미 우리에게 초기 인류가 이러한 일들을 이룰 수 있는 뛰어난 모습과 능력을 가진 이들이라고 전하여주고 있는 것

그림 49

이다.

(2) 북쪽 하늘의 별자리들과 일치성은?

괴베클리에 대해 연구하는 천문학자들은 가장 오래전에 만들
어졌고 또 중심이 되는 BCD 제단의 중앙 거석 기둥들이 건축
당시 북쪽에 있는 가장 밝은 별 시리우스를 향한 것이고 43번
기둥(그림 38)의 짐승들의 모습은 당시의 백조자리 등 하늘 별
자리의 모습이라고 밝혔다. 과학적인 연구 조사에 의하면 세차
운동에 의해 움직이는 천체의 시리우스 별자리는 실제로 D제단
이 세워진 주전 10,000년 후반과 일치하여 북쪽 하늘에서 보였
다고 발표했다.[24] 만약 그들의 이러한 연구가 맞는 것이라면 당
시 건축자들의 천체에 대한 지식과 그 것을 건축에 활용하고 상
징 조각들로 그것을 돌에 새겨놓을 정도로 뛰어난 것에 대해 한
번 더 놀라움을 금할 수 없는 것이다.

그런데 성경에 기록되기를 하나님께서 하늘의 별들을 창조하
실 때 "하나님이 이르시되 하늘의 궁창에 광명체들이 있어 낮과
밤을 나뉘게 하고 그것들로 징조와 계절과 날과 해를 이루게 하
라"(창1:14) 하셨다. 실제로 하늘의 별들은 징조(sign)로서 사용
되게 하신 것이니, 예수님의 탄생 시에도 빛나는 큰 별이 나타
나 동방의 현자들이 베들레헴에 찾아오게 안내하였다. 그러기에
'오실 예수님의 모형'인(롬5:14) 아담과 인류의 시작 지인 신성

한 에덴동산 가까이 가장 빛나는 별을 보이게 하시어 아담이후 흩어져 나간 후손들이 어디서든지 성소 같은 고향 에덴의 땅을 바라보게 하셨다고 생각해도 무리가 될 것 같지 않다.

(3) 제단의 중심 기둥들은 왜 북쪽을 향해 서 있는가?

슈미트와 많은 연구가들은 상당히 궁금해 했다. 왜 가장 오래되고 핵심이 되는 세 제단(BCD)의 중앙 기둥들이 모두 북쪽을 향하고 있는가? 그들은 D 제단을 꼭지점으로 정삼각형을 이루는 형태의 계획적인 건축을 하였으니 그들의 기하학적 구성의 건축이 놀라울뿐더러 그 이유는 더욱 궁금한 것이었다. 이미 기술한 천문학적 관련성도 의미가 있지만 종교 제단이라는 점에서 그 이상의 어떤 영적인 무엇인가가 있을 것 같기에 더욱 궁금한 것이었다.

그런데 여기서 필자의 가슴을 두근거리게 한 이유가 따로 있었다. 신석기 초기 사람들이 이렇게 체계적이고 계획적으로 정교하게 세운 이 세단들의 바로 그 북쪽에 필지기 오래 전에 발표한 아담의 에덴동산이 있었기 때문이다.

성경대로 말하면 아담은 인류의 시조였다. 그 분과 아내 하와는 하나님에 의해 직접 만들어진 하나님의 형상을 닮은 최초의 사람들이었다. 그 분들은 에덴동산의 주인이자 관리인 이었고 신의 모습과 형상을 가진 뛰어난 존재이었고 신의 대리인이었으며 인류의 모든 유전적 DNA의 원천이었다. 그 두 분은 다음 세대의 부족의 족장 조상들과는 차원이 다른 신에 의해 직접 만들어지고 신과 대화를 나누고 신이 주신 책임과 역할을 수행하던 분들이었다. 아담의 후손들이 후에 가계 혈통대로 나뉘고 부족 씨족을 이루어 나갔지만 자기 계열의 조상들과는 비교가 안 되는 시조로서 왕 같은 존재요 신과 가까이 한 존재로서 차원이 다른 조상이었다.

그러기에 흩어져 나가 여러 다른 혈통과 가문들을 이루어나간 초기 인류는 아담과 하와라는 대 조상 앞에는 하나 될 수밖에 없는 상징적 존재이었던 것이다. 그러므로 괴베클리 테페가 영적인 성소로서 거석의 제단으로 만들어져 시조 아담과 하와의 고향이며 자신들의 뿌리요 고향일 수 있는 그곳을 향해 시조와 고향을 그리는 제단을 지을 때 모두가 하나 될 수 있었고 모두가 조직적으로 힘과 기량을 모두어 자발적으로 기념비적인 건축을 이루고 함께 사용하다가 어떠한 시점에 여러 세대가 지나고 많은 이들이 다른 곳 특히 더 남쪽 바벨론과 수메르 지역으로 흩어져 가면서 그 곳을 수천 톤의 흙으로 메워 은밀히 보존케 한 것이라고 생각할 수 있다.

그러기에 이 신전의 두 기둥의 방향은 에덴이 있던 고향 북쪽을 향하여 있었고 뒤에서 더 설명되겠지만 신에 의해 창조되고 신과 대화하고 교제하고 신의 낙원 에덴을 관리했던 신적인 조상 아담과 하와를 신성화하여 기억하고 기념하고 숭배하는 의례장소로서 괴베클리를 볼 수 있는 것이다.

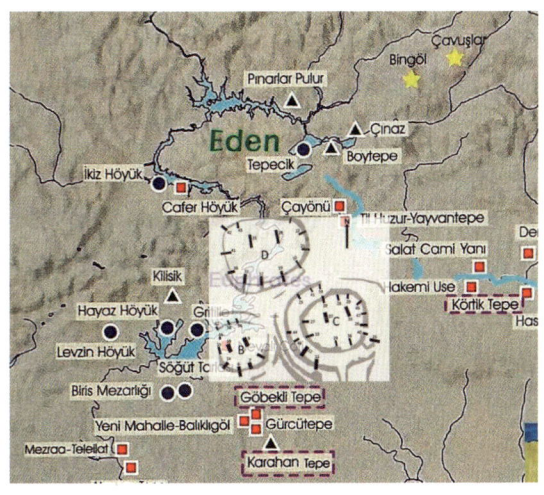

그림 50

그리고 아담을 신성시한 모습을 나타낸 유물이 다른 곳에서도 발굴되었으니 수천 년 후 티그리스 강 상류 가까이 있던 Gawura 테페에서는 선악과를 따 먹는 아담과 하와의 모습으로 보이는 남녀가 뱀과 함께 묘사된 인장이 발견되었는데 거기서 남자의 머리에 신들이 쓰는 뿔의 모자가 쓰여 있어 이미 남자 아담이 신적인 존재 내지 신의 제사장적 사람으로 표현된 것을 알 수 있다 (그림 51). 그러기 때문에 초기 인류가 공통적으로 알고 공통적으로 믿고 있는 같은 조상 된 분들을 위해 이견 없이 모이고 이러한 북쪽을 향한 기대한 기념비적 신전을 완성할 수 있었다고 말할 수 있다.

그림 51 대영

(4) 왜 타원형의 제단이고 돌담을 만들었나?

또한 슈미트는 왜 신전 건축자들이 신전을 건축하기 쉬운 원형이나 네모 또는 삼각형으로 만들지 않고 계란형의 어려운 타원형으로 만들었는지에 대해서도 궁금해 했다. 물론 시간이 많이 지나면서 추가로 세워진 제단들은 타원형에서 원형 쪽으로 변하면서 나중에는 대부분 사각형의 제단으로 만들어지기는 했다. 그런데 가장 처음에 세워진 모든 것들의 시작이요 처음이며 원형이 되는 가장 정교하고 세밀하고 다양한 기술과 예술성으로 세워진 D 제단이 타원형인 것도 궁금한 내용이었다.

그런데 이것도 필자의 에덴 지역과 연계하면 어떤 답이 나온다. 이것을 듣는 사람들이 그럴 수 있을까 의문을 가질 수도 있겠지만 필자도 조심스럽게 이것을 말한다. 신전 건축자들은 에덴 땅 밖 가까이에서 살던 아담의 후손들이라고 말할 때 그들은 성소와 같은 그 신성한 낙원 지역과 형태를 잘 알고 있었다. 아담과 하와는 에덴동산에서 추방되었지만 성경을 자세히 살펴보면 그들이 에덴동산 가까이서 산 것을 파악할 수 있다. 아담의 자녀들은 더 이상 들어갈 수 없는 그러나 부모로부터 전해들은 신성한 낙원지역을 밖에서 바라보며 산 사람들이다. 그래서 시

그림 52

그림 53

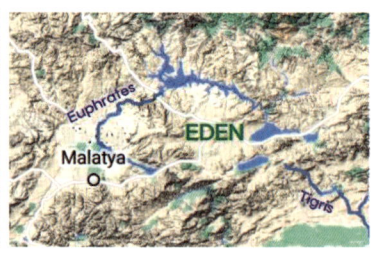
그림 54

간이 흐르며 산악지대를 벗어나 남쪽의 하란 대평원 가까이 퍼져나간 후손들은 여전히 조상들이 계시고 자신들의 고향인 북쪽의 성소와 조상들을 기념하는 제단을 만들었고 제단의 형태는 낙원의 모습을 상기하는 타원형의 구조였다고 말할 수 있다. 실제로 필자가 발표한 에덴의 지역은 처음의 지형 모습이 어느 정도 바뀔 수 있었겠지만 지금도 여전히 티그리스 강의 발원지 호수가 있고 유프라테스 강이 그 땅 전체를 감싸고 흐르는 타원형의 지형을 이루고 있다(그림 52-54).

또한 신전이 돌담으로 둘러쳐지도록 만든 것에서도 의문을 나타냈다. 왜 그들은 신전 둘레에 벽을 쌓았을까? 물론 일반 주거용 건물이라면 그럴 수 있다. 그러나 종교적 의미를 가진 거석 건축물들은 꼭 그렇지는 않다. 고대의 거석들은 서 있는 것 자체로도 어떠한 의미를 담고 있고 많은 이들이 밖에서 보고 함께 참여할 수 있도록 개방되니 대표적으로 스톤헨지는 넓은 평원 위에 거석들이 원형으로 세워져 있을 뿐이다. 그런데 괴베클리 사원 D의 경우 중앙 기둥이 5.5m의 높이에 무게가 약 20톤에 이르는데 중앙에 거대 기둥 두 개가 서있고 타원형을 따라 11개의 작은 T자형 기둥들이 다양한 짐승들의 조각으로 세워져있다. 그리고 이곳에 있는 거의 모든 제단들이 담으로 둘러쳐져 있고 두 겹 세 겹의 울타리 구조도 있다. 왜 일까?

우선 담은 구별된 장소임을 나타낸다. 제단은 신성한 성소이기 때문에 거룩하게 구별되고 보호되도록 담을 쌓을 수 있다.

그런데 여기에 더 깊은 의미들이 있을 수 있다. 후에 더 남쪽에서 이루어진 수메르 문명에서 에덴과 유사한 장소의 의미와 모습을 갖춘 단어에 바라(BARA) 또는 바르(BAR)가 있다.25) 그런데 이 특별한 낙원 같은 신성한 장소를 일컫는 단어 바르(BAR)는 '울타리(fence, enclosure)' 의미도 가지고 있다.26) 그리고히브리 성경에 '에덴동산(간:ᴦᴦ)' 역시 'a garden as fenced'의 의미를 가지고 있다. 성경의 에덴동산이 자연의 울타리로 둘러쳐진 것처럼 괴베클리 테페의 신전들은 인공의 울타리 벽으로 감싸진 구별된 성소로 만들어졌고 이후 수메르 문명인들도 낙원같이 신성한 지역을 '울타리(Bar: fence, enclosure)'라는 문자로 표현했다.

(5) 영혼의 세계로 들어가는 창문

슈미트는 1995년부터 괴베클리 테페를 발굴하며 그 제단의 윤곽들이 들어나는 과정 속에서 당황스러워 했다. 종교적 의례를 중심으로 사람들이 모이고 신전을 만들고 12,000년 전 세계 최초의 기념비적 거석 신전들을 세워 수렵채집에서 영구정착의 신석기 문명을 이끌어 간 현장에서 이제까지의 문명이론을 새롭게 세워나가야 할 필요성을 느끼게 되었기 때문이다. 농경사회가 먼저 구성되고 발전하면서 종교와 신전이 만들어졌다는 기존의 학설에서 종교적 행위가 먼저 시작되고 그 동력으로 기술과 문화가 축적되고 농경 정착과 사회가 발전하며 신석기 혁명을 이루어나갔다는 것이다. 그러나 요즈음 괴베클리 테페에서 종교를 약화 내지 생략시키고 사회네트워크를 부각시키며 그것이 사회 구성 발전의 동력이 아니냐고 주장하는 이들이 나타나고 있다. 그러나 그러한 주장들은 괴베클리의 본질을 왜곡시키는 근거가 빈약한 주장들임을 밝히며 몇 가지 종교적 요소를 설명하고자 한다. 슈미트는 처음부터 괴베클리 테페는 종교가 중심이고 근본임을 정의해 왔다.

이곳의 많은 제단들 중 D 제단은 가장 오래되고 크며, 가장 정교하고 아름다운 조각들과 상징들이 조합되어 있어 이곳 제단들의 원형이 되는 곳이다. 그런데 이 제단의 북쪽을 향한 중앙 기둥 앞의 중심 제단에는 제물처럼 드려진 멧돼지 상이 마치 우리의 제사상에 올려진 돼지 머리처럼 크게 만들어져 봉헌되어

그림 55

있었다(그림 55). 그리고 그 멧돼지는 입안에 붉은 색을 칠한 특별한 흔적까지 있다(그림 56). 후에 힌두교에서는 붉은 색을 신적인 칼러로 생각하여 신성한 제단, 신성한 나무 등 여러 곳에 사용하며, 악귀를 쫓는다는 동지섣달의 붉은 팥죽도 액운을 막는 민간신앙 의례로 전해 내려왔다. D 제단과 제물의 이러한 모습은 원시 신앙에서 조상 숭배의 일환으로 대부분의 문명권에서 종교의례로 나타나는 일반적인 모습이다.

그림 56

그리고 그 제단 제물 앞에 서있는 비석에는 큰 구멍이 있다. 간혹 종교 제단들에서 이러한 구멍이 있는 원형 장식물들을 보게 되는데 예를 들면 괴베클리와 비슷한 시대(주전 10,000 BC)에 세워진 카라한 테페의 제단에도 더 큰 규모의 원형 장식물이 제단 정면 가운데 만들어져 있다(그림 57). 그리고 이 제단 옆에는 그들의 조상으로 여겨지는 인물상이 함께 서있다. 이러한 창문처럼 열려있는 공간(구멍)이 있는 원형 또는 사각형의 장식물에 대한 고고학자들의 해석은 이승에서 저승의 다른 세계, 곧 영혼의 세계로 들어가는 통로와 같은 의미를 가진 것이라고 보통 정의내리고 있다. 독일어로 seelenlocher(soul holes)로 불리는 이러한 구멍들은(그림 58) 고대의 고인돌이나 큰 무덤들에서 종종 보인다.[27] 즉 다른 세계로 들어간 망자를 기억하고 기념하는 신앙적 의례를 보이는 상징적 유물인 것이다.

그리고 괴베클리 테페에서는 다수의 해골 조각들이 나왔는데 그 두골에 도구를 사용해 인위적으로 긁은 자국과 머리 상부에

그림 57 카라한 테페의 제단

그림 58 Soul Hole

그림 59 D 제단 hole 확대사진

는 정교하게 두 개의 구멍을 뚫기도 하여 끈으로 두골을 매달아 조상을 숭배한 것으로 판단되는 흔적들이 있다. 이러한 현상은 그 이후 시대에 차탈회위크 등 주변 지역에서 출토된 유물들을 통해서 조상숭배의 신앙심과 의례들이 있었음이 증명이 되고 있다. 돌아가신 망자를 귀히 모시고 사후세계에서도 행복하게 사시기를 바라면서 많은 유품들을 함께 매장하는 관습은 이미 괴베클리 보다 앞선 티그리스 강 상류의 코르틱 테페에서도 나타났으니 종교 중심지 역할을 한 괴베클리에서는 당연히 이승에서 하늘의 세계로 들어가는 상징적 유물인 영혼의 창, 영혼의 통로인 원형의 홀(Soul Hole) 장식이 제단에 있는 것이다. 그리고 비문의 상징들이 조상과 이승의 하늘 세계를 표현하고 있는 것들이 뒤에서 더 설명될 것이다.

슈미트는 그의 발굴 후반 2010년의 논문에서(240p) '괴베클리 테페 유적지는 평범한 정착지가 아니라 종교적 영역, 즉 신성한 지역에 속하는 유적지였으며 발굴결과 복잡한 의식을 수행하기 위해 공동체들이 모이는 지역 중심지로 보인다'고 분명하게 서술했다.[28]

(6) 왜 여우 덮개 의상과 많은 여우 조각들이 있나?

슈미트는 D 제단의 중심 두 기둥에는 팔과 손이 보이고 허리 벨트로 판단되는 장식이 있으며, 그 아래로 하체를 가리는 여우 가죽으로 보이는 뒷다리와 꼬리의 장식이 있는 것으로 보아 이 기둥이 인간과 유사한 존재의 석상이라고 했다. 그리고 기둥 앞면에 스톨처럼 보이는 평면 부조와 허리띠의 장식은 의례복으로 여겨지고 의례복의 중요한 요소인 스톨은 특정한 사람만 착용할 수 있었을 가능성이 있다고 했다.29)

수렵채집에서 정착단계로 이전하는 이 시기에는 보편적으로 짐승의 가죽을 대략 걸치는 정도의 의상으로 보통 묘사되는데

그림 60.

여우 의상을 갖춘 존재는 특별한 분일 수 있다. 고대 세계에서는 여우 털옷은 상류 계급임을 말해주는 하나의 표시가 되기도 했고 현대에 이르기까지 고급스러운 의상의 재질이 되기도 한다.

그런데 여기 제단 석주에는 여우 꼬리부분이 하체 덮개 의상으로 사용된 것만이 아니라 그 기둥의 측면에는 여우 전체상이 홀로 새기어 있고 다음 제단인 B와 C에도 다른 곳이 아닌 중앙기둥에 여우가 홀로

크게 새겨져 있으며 그 외 작은 티자 기둥들에도 여러 곳에 여우 조각상이 나타난 것으로 보아 이 시대에 초기부터 오랜 동안 여우는 종교적으로나 실용적으로 중요한 위치를 차지한 것처럼 보인다. 신화나 전설 속에도 자주 등장하는 여우는 영특하고 신출귀몰(?) 하는 특이하고 영험한 존재로 여겨져 왔고 몸체와 털

빛이 아름다운 존재로 어쩌면 고귀하고 특별한 이의 의상으로
받아들여졌다고 볼 수 있으며 여우 의상과 얽힌 중앙기둥에 대
한 슈미트의 여러 설명은 일리가 있어 보인다.

그림 61 D 기둥

그림 62. 신전 c 기둥

그림 63. 신전 B 기둥

그런데 성경에 에덴에서 최조의 의상 관련 이야기가 나온다.
아담과 하와가 선악과를 먹은 후 벌거벗은 부끄러움을 느끼게
되어 무화과 나뭇잎으로 치마를 해 입고 나무 사이에 숨었다.
그 때 하나님께서는 동산을 찾아오시어 그들을 위해 가죽옷을
지어 입히셨다고 했다(창3:21). 여기서 가죽 옷은 무슨 짐승의
가죽 옷인지 설명이 안 되어있다. 그러나 성경의 구속사적 흐름

으로 볼 때 인간의 죄의 결과를 덮어주는 의상은 어린 양되신 예수님의 십자가의 피흘림의 구속을 상징하기 때문에 양의 죽음과 가죽이 아닐까 보통 생각한다. 그리고 아벨의 제사도 양의 새끼였고, 애굽 해방의 마지막 재앙에서의 구원도 어린 양의 죽음과 피를 통한 유월절 이었고, 구약의 제사 중에 가장 많이 나오는 제물이 소나 양이었다.

그런데 성경적으로 초기 인류는 아담의 직계 후손들이고 특별히 그들이 에덴 지역 가까이 살면서 남긴 유물들이니 그 유물이라는 fact를 가지고 한번 다른 각도에서 가죽옷에 대한 해석을 펴보면 어떨까 생각한다. 다시 말해 짐승이 대신 죽는 피 흘림을 통해 죄와 벌을 덮어주는 것은 물론이고, 살인자 가인에게도 자비의 표를 주어 보호해 주신 하나님이 혹시 의상이라는 측면에서 가장 큰 자비하심으로 가장 좋은 재질의 옷을 아담과 하와에게 입히셨다고 생각해보면 어떨까? 만약 그렇다면 어떤 가죽옷이 그들에게 가장 좋았을까?

성경 창3:21의 '가죽 옷'에서 '옷'이란 히브리 단어는 'כתנת:카트노트'로서 '무릎이나 발목까지 내려오는 긴 옷'이라고 고든 웬함은 주석했다.[30] 그리고 KJV YLT ASV 등 여러 번역 성경들은 가죽 '옷'을 coats 로 표기했고

그림 64

NKJV는 tunics로 표현했다. 다시 말해 아담 하와가 무화과 나뭇잎으로 만들었던 아마도 허리 아래만 감싸는 임시방편의 의상이 아니라, 제대로 된 의상 마치 슈미트가 말한 것처럼 예복 같은 긴 tunic이나 coat 같은 옷을 만들어 주신 것이었다.

 그렇다면 이에 걸 맞는 긴 가죽옷의 짐승에는 어떤 것이 있었을까? 보온과 실용성은 물론 의상으로서 품위 있고 재질이 좋은 것... 하나님이 직접 만드신 최초의 인간 부부가 품위 있게 입을 수 있는 옷... 이에 대해 인류 최초 예배 제단의 건축자들은 우리에게 암시를 주고 있다. 그들은 여우 꼬리와 발이 있는 의상으로 특별한 조상들의 하의를 묘사했다. 그렇다면 여러 사항들을 종합해볼 때 에덴동산에서 곤궁에 빠진 아담과 하와를 위해 하나님께서 지어 입히신 옷은 여우 가죽옷이 아니었을까 라고 생각해볼 수 있다. 그리고 실제로 여우 털의 가죽옷은 고대로부터 존귀한 자들의 품위 있는 의상으로 선호되어 온 것이 사실이다.

 이러한 것을 에덴 가까이 초기 인류가 뛰어난 조상을 추모하며 만든 것으로 생각되는 예배제단의 기념비들에, 그것도 수백년간 여러 제단의 중심 기둥들에 새겨 놓았다면 성경 에덴동산의 가죽옷과 인류 최초 예배제단과도 의미가 연결된다고 판단된다.
 그리고 이런 해석이 맞는다면 슈미트의 말대로 여우 의상은 그분들의 위상과도 맞는 상징적 예복이 되었을 것이고 괴베클리의 초기 인류가 북쪽의 에덴과 조상을 향하여 제단을 쌓으며 가장 중요한 초기 제단 D C B의 중앙기둥에 대표적으로 여우상을 홀로 새기어 놓은 것도 해석이 되는 것이다.

그러나 혹시 이것이 맞는 해석이 아니라 해도 문제될 것은 없다. 여우 가죽옷이 아마 에덴 이후 다음세대에서부터 선호한 의상 예복이었기에 그렇게 만들 수도 있는 것이기 때문이다.

(7) T 기둥과 허리띠 장식의 주인은 누구일까?

슈미트는 D의 31번 중앙기둥 벨트에 장식처럼 새겨진 H자와 초승달 모양들의 조합에 대해서는 답을 줄 수 없었다. 아마도 신전 건축자들이 남긴 어떤 의미가 담긴 상징적 표현이겠지만 현재로서는 알 수 없는 것으로 여겼다. 그리고 서로 마주 보듯이 서 있는 양식화된 두 기둥도 강력하고 특별한 존재를 나타내는 것으로 여기면서도 그 성별은 알 수 없다고 했다.[31] 그는 신석기 문명에 대한 전문가요 이미 세계적 명성을 얻고 있는 고고학자 임에도 신석기인들이 남긴 상징들을 이해하기 어려워하는 모습에서 우리는 인간 지식의 한계를 느낀다. 그리고 이런 틈새를 타고 외계인의 문명설 등 비주류의 비학문적 이야기들이 들어오는 것을 경계해야 한다.

그런데 그들이 금속의 도구도 없이 남긴 거석의 건축을 보면 그들은 우리 못지않은 아니 어떤 면에서는 우리보다 더 강하고 뛰어난 신체적, 지적, 예술적, 종교적, 사회적 능력을 가지고 있었는지도 모른다. 다만 그 시대에는 우리와 같은 문자가 없었을 뿐이다. 어쩌면 문자를 만들 시간적 사회적 과정과 필요성이 아직 안 갖춰져 있었기 때문인지도 모른다. 그러나 그들은 우리 같은 알파벳 문자가 아니라 건축 그 자체로 말하고 있으며 그 건축물에 담긴 그림과 조각과 상징들 그리고 그 건축의 구조와 양식을 통하여 우리에게 구체적으로 설명하고 있는 것이다. 그것은 아마 그 시대 사람들은 다 공감할 수 있었던 소통의 도구였을 것이다. 우리가 아직 모를 뿐이다.

그러나 인간지식의 한계에서 성경은 간혹 모르는 진실에 빛을 비추어 준다고 말하고 싶다. 이미 여러 고고학자들이 성경에 나오는 수메르의 고대 도시 이름들의 힌트를 통해 상당한 유적과 유물들을 발견하고 해석하는데 도움을 받은 사례들이 있다. 필자가 이미 앞부분에서 설명한 대로 성경이 말하는 에덴의 지리적 위치가 밝혀졌고 그곳이 바로 괴베클리 제단들의 북쪽이요 비옥한 초승달 지역의 골든 트라이 앵글의 꼭지점 지역에 있었으니 에덴의 사건을 여기에 적용하면 뿌연 안개가 걷히듯 사실들이 보이는 것이다.

죄로 어두워진 초기 인류는 하나님이라는 신적인 존재를 명확히 알 수 없지만 신의 대리자로서 신의 낙원의 주인이었던 자신들의 위대한 조상을 추상화 신성화 시키면서 신의 팔과 같은 긴 팔로 감싸는 제단 거석을 세웠다. 그러면서도 생명을 생성하는 신체의 부분을 고귀한 것으로 덮어서 육체를 가졌던 생명의 조상임을 보여주고, 자신들과는 비교가 안 되는 하늘 세계의 특별한 존재임을 나타내는 그래픽 형태의 문양들을 새겨 알리고, 이 모든 것을 거대한 돌기둥(5.5m 높이와 20 톤의 무게)으로 만들어 제단의 중앙 양 옆에 세운 것이다.

슈미트도 티자형 기둥은 사람을 묘사한 것이지만 다른 세계에 속한 것처럼 보인다고 했다. 그러면서 이 거대한 5.5m의 티자 기둥이 누구를 나타내는지는 확실치 않으나 아주 강력한 존재를 나타내는 것은 분명하며 이 시기 사람들의 사고 속에 신이 있다면 T 모양이 신을 묘사한 최초의 기념비적 형태일 가능성이 매우 높다고 말했다.[32] 그리고 고고학자들은 역시 주변 테페들에서도 보이는 큰 팔과 손이 새겨진 쌍둥이 기둥을 "개인적 신성:personal divinity"을 상징하는 것으로 보았다.[33]

슈미트는 세밀한 연구에도 불구하고 기둥이 나타내는 그가 누구인지 정확히 말할 수 없다고 하며 바른 이해를 위해서는 비교 종교, 건축 및 예술 이론, 인지 및 진화 심리학, 사회 네트워크 이론을 사용하는 사회학자 등 다양한 전문가들과의 협력이 필요하다고 했다.[34]

그래서 필자도 성경학자요 에덴의 전문가로서 그들이 발굴한 위대한 유적 유물들에 대해 보충적 해석과 의미를 더해보는 것이다. 이제까지의 필자의 비교 연구로는 괴베클리의 유물 유적에 대한 다양한 의문들이 에덴과 함께 설명되면 상당히 명쾌하게 풀려나가는 것을 볼 수 있었다. 그리고 이러한 것들이 다음 장의 코르틱 테페의 돌항아리 문양과 함께 다루어질 때 그 시너지 효과가 나타남을 볼 수 있다.

그런데 그 동안 혼란을 느끼게 한 것은 D 제단의 중앙 돌기둥 중 동쪽 편의 31번 기둥 정면 상부 턱 밑에 H 자와 비슷해 보이는 형태의 조각이 새겨져 있는데 현장에서는 기둥을 지탱하는 받침대에 가려져서 잘 보이지 않는다. 그런데 이것을 복원해

전시하고 있는 우르파 박물관의 전시물에는 원형그대로가 아닌 변형된 형태로 만들어져 있다는 것이 왜 그랬는지 유감스럽다(그림 65 왼쪽 큰 기둥). 본래의 조각 사진[35]을(그림 65 오른쪽 흑백 사진) 보면 미니멀라이즈(minimalize) 된 묘사이지만 두 사람이 서로를 보고 두 손을 잡으며 다정히 서 있고 그 아래 홀이 있는 원형과 초승달의 상징이 양각으로 새겨져 있다.

그림 65

여기서 두 사람이 마주보고 손잡고 있는 모습이 기둥 상부 전면 슈미트가 스톨로 해석한 면에 새겨져 있으니 예배자가 눈을 들어 정면으로 우러러 볼 수 있는 위치에 있다. 건축자들은 아마도 후대를 위해서 그래도 조금 더 자연주의적 표현을 힌트로

남겨 놓은 듯하다. 그리고 그 아래 구멍이 있는 원형 장식과 초 승달 형태의 문양이 새겨져 있다. 여기 구멍이 있는 원형은 앞 에서 서술한 대로 '다른 세계로 들어가는 문'(soul hole)의 의 미가 있고, 초승달 모습은 후에 수메르 그림 문자에서 달을 표 현한다. {참고. 고대 메소포타미아 지역은 밤의 여왕인 달 신(닌나)이 낮의 태양신(샤마쉬)보다 상위 신이었고 아브라함의 고향 우르에서 도달 신을 숭배했고 지금까지도 중동 지역의 이슬람 국가들은 초승 달을가장 높은 곳의 신성한 장식물로 사용하고 있다}. 다시 말해 특 별하고 존귀한 두 분은 죽음 후 달이 있는 하늘의 세계에 들어 가 신성한 존재로 계시며 이 기둥의 주인 됨을 묘사해 준 것이 다.

그림 66. 괴베클리 신전 D 중앙기둥의 허리벨트 문양들

그리고 두 사람이 서로 바라보며 손을 맞잡은 모습이 단순 양 식화 되면 바로 H 자 형태가 나온다. 그리고 예배자가 더욱 쉽 게 볼 수 있는 높이의 위치에 H자와 초승달 및 그믐달 모양의 상징들이 벨트처럼 기둥을 감싸고 조각되어 있는 것을 보게 된 다. 이 신전기둥은 죽어 하늘의 세계로 들어가 신적인 존재처럼 존중하게 된 특별한 조상 부부의 모습을 전체적으로 미니멀리즘 양식화한 특징을 가지고 만들어 세운 것이라고 해석할 수 있다.

성경에 하와가 아담의 허리 위 갈비뼈 (후에 수메르어에서 갈비뼈를 나타내는 단어 'Din or Tin'은 '생명'을 의미하는 단어로 사용되었다.)36)에서 창조되었고 아담은 하와를 가리켜 "이는 내 뼈 중의 뼈요 살 중에 살이라"(창2:23)고 말하며 사랑으로 하나 된 아름다운 부부의 모습을 보여주었는데, D 신전 31번 기둥의 인물조각도 똑 같이 다정한 사랑으로 손잡고 있는 아름다운 모습의 부부를 상기시켜주는 것이다. 그리고 아담은 하나님이 주신 아내를 '하와'라 불렀으니 그 이유는 "그는 모든 산 자의 어머니가 됨 이더라"(창3:20)고 했다. 다시 말해 모든 생명을 가진 사람들의 시조가 되었다는 표현이다. 그래서 오랫동안 성경과 메소포타미아를 고고학적 유물들을 통해 연구해 온 필자는 이 신성한 두 기둥을 인류의 시조 **"아담과 하와의 기둥"**이라고 명명한다.

부언하면 손잡고 있는 두 사람의 모습에 얼굴이 약간 뾰족하게 나타난 것은 슈미트의 말대로 '다른 세계에 있는 특별한 존재'로서의 신성한 모습을 나타내기 위해 신석기 초기부터 신성화 시킨 하늘을 나는 새(독수리)의 형태를 약하게 가미하여 존귀함을 더욱 돋보이게 했을 수 있다. 그림 67은 사람의 얼굴에 새의 부리를 얹은 모습의 신상이다(청동초기, 키프로스). 그리고 성경에 에덴에서 추방된 사람들이 다시 에덴동산의 생명나무를 따먹지 못하도록 그룹천사를 동산입구에 세우셨다고 했는데 그 천사는 사람, 사자, 독수리, 소의 모습이

그림 67

함께 어울려진 신성한 존재였고 그것을 본 사람들은 그와 유사한 형태의 인간과 동물들이 조합된 표현들로 신성한 존재들을 만들었다. 괴베클리 등 여러 곳에서 이미 사람과 뛰어난 짐승들이 함께 어울려진 신성한 토템의 기둥들이 나타났다. 그리고 그 이후 고대 세계에서 출토된 수많은 유물들에 사람과 독수리, 사자, 소의 특징들이 조합된 신성한 존재 내지 수호자의 유물들이 남아있다. 연구자들이 아마도 이 부분을 놓쳐 손잡고 있는 이들의 존재를 신성화된 사람으로 인식하지 못한 것 같다(그림 68.. 뾰족한 얼굴의 수메르 신상).

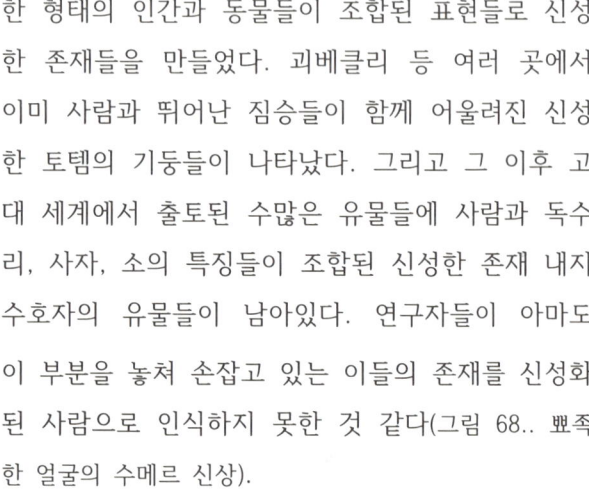

그림 68

3) 괴베클리 테페에 관한 에덴과 성경적 해석의 종합

이제까지 괴베클리 테페에 관한 설명과 여러 의문들에 대한 답에 겹치고 중복되는 부분들이 있었다. 이에 정리하면서 에덴과 성경을 통한 해석의 종합적 결론을 말하고자 한다.

슈미트의 말을 빌리면 거대한 T 기둥의 주인은 누구인지 정확히 알 수 없으나 어떤 매우 강력한 존재의 표현이다. 긴 팔과 손으로 큰 기둥을 감싸고 하체를 가리니 신이 아닌 인간이지만 여우의상과 예복으로 갖춘 존귀한 자요, 양식화된 T자형은 다른 세계에 속한 것으로 보이니 만약 신이 존재했다면 신을 묘사한

최초의 기념비적 형태가 될 것이라고 했다.[37]

그리고 그분들이 계시던 곳은 제단의 북쪽인 것으로 파악된다. 그래서 초기의 제단들이 북쪽을 향하여 세워졌고 가장 오래되고 중요한 세 제단 B,C,D의 중앙은 북쪽을 향해 정삼각형을 이루는 고도의 기하학적 건축을 하였다. 아마 북쪽에는 모두가 알고 있는, 기념하고 기억할만한 일이 있었던 것 같다. 천문학자들의 발표대로 당시 하늘의 가장 밝은 별이 북쪽에 떠있었고 여러 별자리들과도 일치하는 여러 짐승들이 D 중앙제단 옆의 작은 T 기둥(43번) 돌에 새겨져 있는 것이었다면 정말로 그들이 가지고 있던 지혜와 지식의 놀라움과 함께 하늘의 별자리들마저 비춰주는 위대하고 신성한 그 무엇이 북쪽에 있었다는 결론이 된다. 어쩌면 건축하는 모든 자들도 그 북쪽에서 내려 왔는지도 모른다. 그런데 바로 그 북쪽은 필자가 오랜 동안 연구하고 십수 년 전부터 책으로 발표한 성경대로의 에덴이 있던 곳이다. 이것이 맞물려진다는 것은 우연의 일치인가?

성경대로 말하면 인류의 시조였던 아담과 하와는 하나님에 의해 직접 만들어진 하나님의 형상을 닮은 최초의 사람들이었다. 그 분들은 에덴동산의 주인이자 관리인 이었고 신의 모습과 형상을 가진 뛰어난 존재이었고 신의 대리인이었으며 인류의 모든 유전적 DNA의 원천이었다. 그 두 분은 초기 인류 일반 부족의 족장 조상들과는 차원이 다른, 신에 의해 직접 만들어지고 신과 대화를 나누고 신이 주신 책임과 역할로 신의 낙원을 직접 관리한 분들이었다. 인간이었지만 일반 사람들과는 차원이 다른 신적인 사람으로 추앙될 수 있는 특별한 존재였다.

아담의 후손들이 후에 가계 혈통대로 나뉘고 부족 씨족을 이루어 퍼져 나갔지만 자기 계열의 조상들과는 비교가 안 되는 모두의 시조로서 왕 같은 존재요 신과 가까이 한 고귀한 존재로서 차원이 다른 조상임을 알고 있었다. 그래서 거대한 기둥에 신의 팔과 같은 모습에 상징적 벨트와 고귀한 의상을 갖춘 존귀한 존재로, 자신들의 왕 같은 시조를 추상적 양식화 된 신령한 모습으로 기념비적인 거석에 묘사한 것이라고 볼 수 있다. 따라서 이 모든 것을 종합하면 그 거대 기둥이 기념하는 주인은 슈미트의 말대로 '보통 사람들과는 비교가 안 되는 특별한 존재요 강력한 존재로 이제는 하늘 세계에 있는', 그래서 신적인 존재처럼 추앙되는 자신들의 **시조 아담과 하와**가 되는 것이다.

그러기에 고향에서 흩어져 나가 여러 다른 혈통과 가문들을 이루어나간 초기 인류는 아담과 하와라는 대 조상의 제단 앞에 자발적으로 모이고 하나 되는 네트워크를 형성하고, 기념비적인 건축과 신석기 혁명의 기초를 놓은 계기를 만들어 준 것이다.
마치 오늘날 명절을 맞아 조상의 묘소에 모여 조상을 기리며 흩어진 후손들이 만나고 종교적 의례를 행하며 사회적 네트워크를 이루는 것 같이, 북쪽 에덴의 고향과 직통하고 하늘 별자리

가 그대로 선명히 보이는 높고 좋은 석회암 자리 괴베클리에 제
단을 쌓고 신적인 조상의 숭배 등 특별한 종교적 의례와 흩어져
있던 혈통 부족 간에 사회적 네트워크를 이루는 장소가 되게 했
다고 말할 수 있다.

   그러므로 괴베클리 테페가 영적인 성소로서 거석의 제단으로
만들어져 시조 아담과 하와의 고향이며 자신들의 태어난 고향일
수 있는 그 곳 북쪽을 향해 시조와 고향을 기념하고 그리는 제
단을 지을 때 모두가 하나 될 수 있었고 모두가 조직적으로 자
발적으로 힘과 기량을 모아서 기념비적인 건축을 이룰 수 있었
다고 설명할 수 있는 것이다. 그리고 이곳에서 출토된 작은 유
물 중에 큰 나무와 그 양 옆에 서있는 뱀과 인간(큰 새?)을 새
긴 돌이 출토되어 성경 속 에덴의 사건과도 연계되는 관심을 끌
게 한다.

   더구나 수 천 년이 지난 후 앗시리아의 왕 산헤립은 자기의
선조들이 바로 에덴자손들이 살던 하란과 고산(할라프)을 위시한
이 지역을 멸하였다고 말하였으니(사37:12), 바로 근자이 신서기
초기 발굴들로 세계를 놀라게 하고 있는 하란 평원 주변의 괴베
클리를 위시한 신석기 타쉬 테펠라 지역과 일치되는 것이다. 그
러므로 괴베클리를 위시해 발굴되고 있는 유적 유물들에 대해
에덴과 에덴자손들을 적용해 해석하는 것이 성경적으로도 바른
방향이 된다고 말할 수 있다.

결론적으로 성경과 에덴으로 비추어볼 때 괴베클리는 신적인 특별하고 고귀한 조상 아담과 하와 및 자신들의 고향을 기리며 모인 에덴 자손들의 성소이며, 슈미트의 말대로 신석기 초기의 인류가 종교적 의례를 중심으로 사회 네트워크를 이루며 영구정 착의 농경사회와 신석기 혁명의 큰 역할을 주도해 나간 기념비 적 집단 의례의 성소로 그 빛을 발하는 곳이었다고 정의할 수 있다.

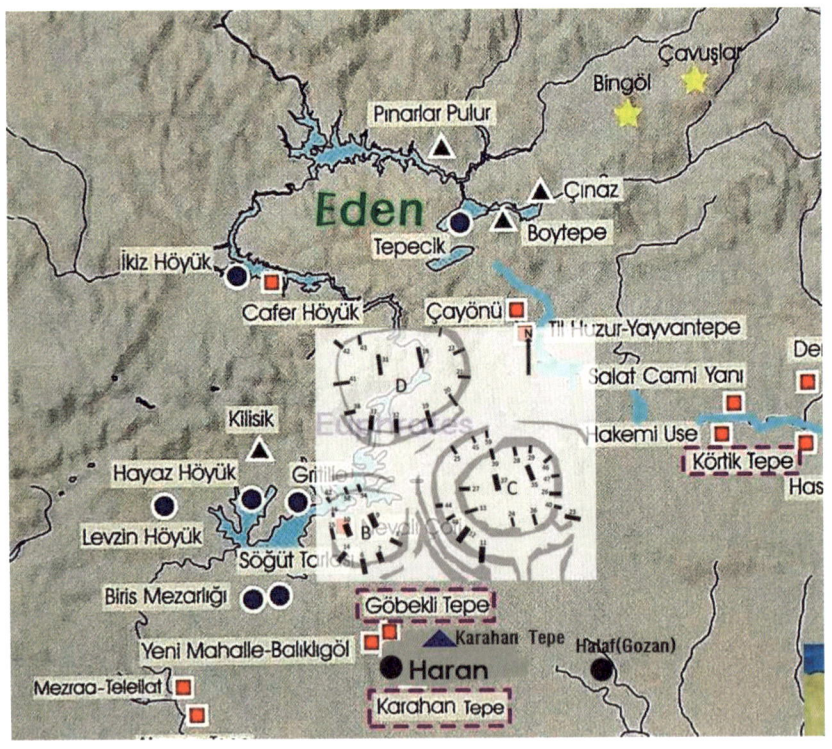

그림 69

2. 코르틱 테페와 에덴

70. 티그리스 상류 강가의 코르틱 테페 발굴 현장 모습과 오른편 현재 지형의 모습, 터키 동남부

1) 코르틱 테페 개요

코르틱 테페는 터키 동남부 디아르바키르 동쪽의 티그리스 강 상류와 바트만 강이 합류하는 지점의[38] 언덕위에 있다. 이 곳은 가장 오래된 신석기 시대 주거 유적지로 기원전 10,700년 에서 기원전 9250년 까지 1000년 이상 사람이 살았던 곳이다. 연대순으로 가장 오래된 코르틱 테페는 카라한 테페(기원전 9750년경)나 괴베클리 테페(기원전 9600-8200년경) 등 상부 메소포타미아의 PPN 예술 및 물질문화의 전신이었을 가능성이 있기 때문에[39] 더욱 중요해 보이는 곳이다.

이 유적지는 2000년부터 2009년까지 발굴이 이루어졌고 유목 생활 방식을 따르는 수렵 채집 공동체에서 정착 마을 생활로의 전환이 나타났다.[40] 그들은 무역, 예술, 식량 생산, 종교의식 및 사회적 복잡성을 갖춘 수렵 채집인 정착지를 이루었다.

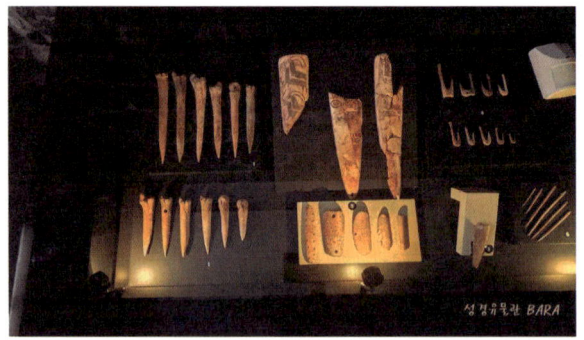

그림 71. 코르틱테페 발굴 유물들, 12,400년 전,
디야르바키르 박물관

그 결과 수많은 유물들이 발굴되었으며 2000 개가 넘는 매장지와 460 기의 건축 유적이 있었고 500여개의 석기도 발견되었다.[41] 그 중 다수는 인간, 동물, 식물 및 다양한 상징들이 새겨 진 디자인으로 장식되어 있었다. 코르틱 테페는 석기와 석제 의식 용품에서 보듯이 뛰어난 품질과 풍부한 시각 예술로 유명하다.[42]

그림 72. 코르틱 테페의 돌 항아리 유물들, 12,400년 전,
디야르바키르 박물관

2) 코르틱 테페 돌 항아리의 문양들

코르틱 테페에서 출토된 수많은 유물들 중에서 특별히 눈길을 끄는 것은 약 12,400년 전에 돌로 만들어진 용기들이다. 용기들 중에서도 아름다운 그림이 도형 문양으로 새겨진 3개의 돌 항아리들은 그 시대의 사람들이 만들었다고 믿어지기 어려운 아름다운 작품이다. 돌 항아리에는 선명하고도 정교하게 동심원이 여

그림 73.돌 항아리 A

그림 74.돌 항아리 B

그림 75.돌 항아리 C

러 겹으로 새겨져 있으며 그 곳을 중심하여 4 방향으로 지그재그 패턴과 여러 직선들이 퍼지고 그 주변은 빗살무늬가 있는 삼각형의 문양들이 항아리 둘레에 걸쳐 반복하여 새겨져 있다. 그리고 항아리 B에는 뿔이 큰 짐승(가젤?)과 뱀의 모습이 새겨져 있으며 C 항아리에는 십자 마크가 뚜렷하게 동심원 옆에 새겨져 있다.

이러한 문양들이 무엇을 뜻하는 것인지에 대해서는 아직 밝혀지지 않았지만 구석기에서 신석기로 이전하는 시기의 수렵채집 인들이 이렇게 정교하고 균형 잡힌 예술성이 가득한 문양의 돌 항아리를 만들 수 있었다는 것이 놀라운 일이고 또한 이렇게 정성으로 새겨진 예술적 조각 속에 그들의 정서와 정신세계의 어떤 이야기가 담겨있다는 것을 느끼게 하며 그 내용이 무엇인지 궁금증을 갖게 한다.

그림 76.

그런데 지금까지 밝혀진 것은 이 물건들이 죽은 자들을 위해 특별히 만들어졌고 장례의식 속에 엄중하게 드려졌고 죽은 자들과 함께 무덤에 묻혀있었다는 것이다(그림 45). 그리고 이러한 무덤들이 집안 바닥 아래 있었으니 그 시대 사람들이 선조와 망자들을 끝까지 존중하며 소중히 여긴 것이고 집안에 모시어 집안이 하나의 사당 같은 신성한 장소로 만들어지게 한 것은[43] 그들이 가진 강한 종교심을 보여준다. 그리고 망자들의 사후 삶을 생각하여 장신구는 물론 생활도구들까지 부장품으

그림 77. 돌 항아리와 장신구들

로 함께 매장하였다는 것은 그들의 내세관 즉 사후 삶을 인정하고 있었다는 증거도 되며 코르틱 정착민들의 근본적인 신념 특히 사후 삶의 연속이라는 개념을 나타낸다.[44]

그렇다면 이 물건들 다시 말해 돌을 갈아 정성스럽게 형태를 만들고 속을 파내고 표면에 어떤 그림을 세밀하게 새겨서 장례 의식을 통하여 망자에게 조심스럽게 드려진 이 특별한 돌 항아리들은 죽은 자들에게 있어 가장 중요한 것들과 관련이 있을 수 있나. 그러면 죽은 자들에게 있이 가장 중요한 것은 무엇일까? 이제까지 인류의 보편적 양식으로 보면 죽은 이들이 사후세계를 낙원 같은 곳에서 행복하게 영면하시기를 바라는 마음은 동서고금을 막론하고 남은 자들이 고인들을 추모하며 바라는 가장 큰 소망이라고 할 수 있다. 그렇다면 고인에게 드려지고 고인과 함께 매장된 항아리의 그림 조각은 고인을 위한 낙원 이미지와 연

계되었을 가능성이 크다고 볼 수 있다. 그리고 이러한 가정이 맞는다면 우리는 이미 항아리를 만든 이들의 정신 속에 이러한 낙원의 이미지가 존재했고 그 시대의 사람들이 그 의미를 함께 느끼고 공유할 수 있었기에 이러한 문양의 항아리를 만들고 그것을 정중히 고인에게 드리고 함께 매장하는 공통된 예식을 갖출 수 있었다고 생각할 수 있다. 그러면 그 시대의 사람들은 어떻게 이러한 낙원 이미지를 공유할 수 있었을까? 그들이 함께 낙원에 관련된 것들을 경험하거나 인식할 수 있게 한 어떠한 사건들이 있었을까? 이러한 낙원의 이미지는 어디에서 왔을까가 먼저 규명되어져야 할 것이다.

3) 유프라테스와 티그리스 강 상류 지역과 에덴 사건

그런데 이러한 궁금증을 풀어줄 수 있는 하나의 단서가 성경에 나타나 있다. 창세기 2-3장에 의하면 인류는 낙원인 에덴동산에서 시작하였고 그 곳에서 흐른 물이 4개의 강의 시작(근원)이 되어 에덴동산 밖으로 흘렀다고 설명하고 있으니 그 중 두 개의 강이 티그리스와 유프라테스 강 이다(창2:10-14). 그런데 근자에 발굴되고 있는 괴베클리 테페나 카라한

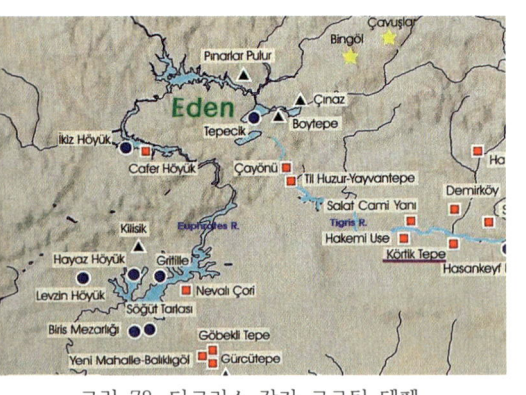

그림 78. 티그리스 강가 코르틱 테페

86

테페 그리고 코르틱 테페 등 초기 신석기 인들이 살던 지역들은 유프라테스와 티그리스 강의 상류 지역이란 공통점을 가지고 있다. 그리고 아담과 하와는 범죄로 타락한 후 에덴동산에서 추방되었지만 에덴동산 밖 가까이서 그곳을 바라보며 산 것으로 나타나 있다. 그리고 이후 사람들은 낙원을 그리워하여 그곳으로 다시 들어가려고 시도할 가능성과 위험성을 가지고 있었다. 그래서 하나님께서는 범죄한 사람들이 다시 에덴동산 안으로 들어와 생명나무 열매를 따먹지 못하도록 그룹천사와 두루 도는 화염검을 에덴동산 동편에 두어 생명나무의 길을 지키게 했다고 성경은 설명하고 있다(창3:22-24).

낙원인 에덴동산에서 살았던 아담과 하와는 동산 밖에서 자녀를 낳고 살았으며 에덴동산의 사건들을 자손에게 전하며 하나님 신앙을 전수하였다고 볼 수 있다. 그러므로 후에 아들 가인과 아벨은 농산물과 양으로 하나님께 제사를 드릴 수 있었고(창4:1-7) 에노스 때에는 사람들이 여호와의 이름을 부르며 섬겼다(창4:26). 따라서 성경대로라면 초기 인류는 대부분 하늘의 신 하나님과 에덴동산 낙원의 이미지를 공통적으로 갖고 있었다고 볼 수 있다. 그리고 그들의 가까운 이들이 사망했을 때 남은 자들은 망자들이 에덴 같은 낙원으로 들어가 영면하시기를 소망하면서 어떠한 장례 의례를 할 수 있었을 것이다. 그렇다면 에덴동산에서 흘러내린 티그리스 강 상류의 한 지역인 코르틱 테페에서 발견된 돌 항아리, 다시 말해 망자를 위해 정성스럽게 만들어지고 봉헌되어 무덤에 함께 매장된 돌 항아리의 조각들이 성경이 말하는 에덴 낙원의 이미지를 나타낸 것이라 추정할 수 있으니 이제 두 개 즉 돌 항아리의 도형 문양과 성경이 설명하는 에덴의 내용을 도형 문양으로 바꾸어 비교할 때 같은 이미지가 나올 수 있는 지를 살펴보면 그 답이 나올 것이다.

4) 돌 항아리의 문양과 에덴문양의 비교

쾨르텍 테페의 많은 석기 유물들 중에서 유사한 특별한 문양으로 관심을 끄는 3개의 돌 항아리가 디아르바키르 박물관에 전시되어있다. 도형 그림이 세련되게 조각된 이 돌 항아리들에는 공통적으로 큰 동심원과 4방향의 대범한 직선들, 지그재그와 빗살 친 삼각형이 새겨있으며, B 항아리에는 가젤로 보이는 뿔이 큰 짐승 한 쌍과 뱀의 모습이 반복해 새겨져 있다. 그리고 C 항아리에는 동심원 옆에 크고 선명한 십자형 패턴과 괴베클리 테페의 43번 기둥 상단에 있는 핸드백 모양과 유사한 형태의 문양이 더 새겨져 있다.

그림 79. 돌항아리 A   돌항아리 B   돌항아리 C

그리고 에덴에 관한 성경의 설명은 땅에서 물이 솟아올라 강물처럼 흘렀고 그 강물이 동산을 골고루 적신 후 4줄기로 나누어져 동산 밖으로 흘러서 4 강이 되었다고 했다. 그리고 동산 안에는 각종 수목과 짐승들이 있었고 인간은 뱀의 유혹으로 타락하여 에덴에서 추방되었다고 했다. 그 모습들을 그림과 도형으로 묘사하면 다음과 같은 결과가 나온다.

첫째, 대개 땅에서 솟아나오는 물의 1차적 모습은 동심원으로 표현된다(그림 80). 이것은 누구나 쉽게 많은 곳에서 관찰할 수 있다. 필자는 뉴질랜드의 원시림 속에 있는 샘과 여전히 지하에서 솟아나는 화산 지역의 여러 분출 수 들을 돌아보며 이러한 현상들을 실감나게 목격하였다(그림 87). 샘에서 솟아나오는 물은 동심원을 그리며 퍼져나갔고 많은 물이 솟아나오고 모여 흐르며 시내가 되고 강물이 된 후에 큰 호수를 이루는 것이었다. 이미 앞에서 설명한대로 성경이 묘사한 에덴의 모습도 먼저 땅 속에서 많은 물

그림 80

그림 81 돌항아리 문양

이 솟아올랐다고 했으니 동심원의 문양으로 그려질 수 있다. 그리고 강물처럼 흐르는 많은 물이 솟아나왔으니 동심원은 많은 원으로 크게 묘사될 수 있다.

둘째, 솟아나온 물은 흘러 4개의 강으로 갈라져 나갔다. 그러

그림 82

므로 동심원으로부터 4 방향으로 물줄기들이 흩어져 나가는 모습으로 지그재그나 여러 겹의 직선들로 묘사될 수 있다(그림 82).(참고. 후에 고대 수메르 그림문자에서 물은 두 줄 곡선이나 직선으로 그리고 더 많은 물은 세 줄이나 네 줄로도 표시됐다(그림 90).

셋째, 에덴은 유프라테스와 티그리스 강의 근원 곧 상류가 되었으니 메소포타미아 북쪽 산악지대가 된다. 이 북부지역은 타우루스 산맥과 아르메니아 산맥 고원지대가 만나고 동쪽으로는 자그로스 산맥이 연결되는 산악지대 이다. 그러므로 문자적으로 '울타리로 둘러쳐진'(enclosure)의 의미를 가진 에덴동산은 자연의 울타리인 삼각형의 빗살 산들이 연속하여 그려지고 지그재그처럼 둘러싸이게 표현될 수 있다(그림 83).

그림 83.

넷째, 에덴은 낙원으로 다양한 짐승들이 묘사된다. 성경에 에덴동산에서 아담에게 주어진 가장 중요한 일의 하나가 동물들에게 이름을 지어주는 것이었다(창2:19-20). 그래서인지 괴베클리 테페의 신전 기둥들에는 많은 종류의 짐승들이 조각으로 새겨져

있었다. 그런데 인간은 타락한 후 신에
게 나아갈 때 짐승의 제사를 드린 기록
이 있으니 아담의 아들 아벨이 처음 제
사 드린 짐승은 양이었고 구약시대까지
하나님께 드려진 대표적 동물들로 소,

그림 84

양, 염소 등이 있었다. 그런데 코르틱 테페의 돌 항아리에는 대
표적 짐승으로 뿔이 큰 복수의 염소가 새기어 있었다(그림 84).

　다섯째, 성경에서 뱀은 사탄을 대신한 간교한 동물로 설명되
며 인간에게 죄로의 타락과 멸망을 가져 온 존재로 부각되어 있
다. 하나님의 말씀을 거짓말로 바꾸어 하와
를 유혹하며 먹으면 죽는다고 하신 선악과
를 따서 먹게 하므로 인간에게 죽음과 고통
을 가져오게 한 존재로 설명되어 있다. 그렇
다면 아담과 하와의 자손들은 이 사실을 알
고 있었을까? 만약 에덴이 사실이고 에덴의
이야기를 부모로부터 들어 알았다면 낙원을
상싱하는 그림이나 이야기에는 뱀의 이야기
가 나타날 법 하다. 그런데 에덴에서 흘러내

그림 85

린 티그리스 강가에 모여 살았던 주전 10400년 전의 코르틱 테
페 사람들은 낙원의 이야기를 항아리에 남기면서 역시 **빼놓지**
않고 뱀을 그 그림 속에 새겨 넣은 것이다(그림 85). B 항아리
전체를 돌아가며 그림 85 같은 뱀의 형상이 새겨져 있는 것이

다(뱀에 대한 유물과 설명들은 뒤에서 더 상세히 다루어진다)

설명된 바와 같이 기원전 10,400년 이후의 코르틱 테페 돌 항아리에 새겨진 그림들의 큰 동심원과 4 방향의 지그재그와 직선들, 빗살 친 삼각형의 산들, 짐승과 뱀 모든 구성요소가 성경의 에덴에 대한 도형적 설명들과 거의 일치됨을 볼 수 있다.

5) 수메르 그림문자와 유물들을 통한 보충 해석

인류문명의 처음 문자로 전해지는 수메르어는 초기에 그림문자로 시작되었다. 자연 사물들의 특징을 시각적으로 표현해준 것이다. 일반적으로 초기에는 보이는 모습 그대로 나타내다가 시간이 지나며 단순화 상징화 되다가 설형문자가 되었다. 그래서 초기 그림문자 속에는 여전히 그 시대 및 그 이전 사람들이 가지고 있던 그림과 개념이 유사하게 남아있음을 볼 수 있다.

(1) 동심원과 샘의 문양

지하 샘물이 땅 위로 솟아오를 때의 모습은 동심원이다. 그림 86은 뉴질랜드의 화산지역 Whakarewa-rewa에서 물에 섞인 진흙 용암이 분출하는 모습이다. 여러 겹의 동심원을 그리며 지표면 위로 솟아나오고 있다. 그림 87은 역시 뉴질랜드의 원시림 속에서 끝

그림 86

없이 솟아나오는 샘물의 모습이다. 원주민들이 신성시 하는 Hangarua 샘은 지하 15m에서 솟아나오는데 여러 개의 작은 동심원들 모양으로 물이 솟아와 동심원들을 만들며 퍼져나가는데 한 시간에 솟는 물의 량이 올림픽 수영장 2개를 채울 정도로 많은 물이 솟아나오며 그것이 시냇물로 흐르다가 강물이 되고 뉴질랜드 3대 호수의 하나를 이루게 된다.

그림 87

그림 88

12,400년 전 터키 동부 코르틱 테페에 살던 이들이 남긴 유물들 중에는 많은 물들이 땅 속에서 솟아나와 사방으로 흐르는 모양의 그림이 돌 조각에 선명하게 새겨진 것을 볼 수 있다(그림 88). 그리고 다른 돌 항아리에 동심원 문양이(흰색 테두리) 신과의 중개인 역할을 수행한 샤먼(초록색 테두리, 머리에 뾰족한 장식물을 달았음)과 뱀 사이에 함께 새겨진 것도 있다(그림 89). 그런데 수천 년이 지난 후 수메르 인들이 사용한 그림문자에서 원이 두 겹으로 새겨진 것은 우물(샘)의 의미를 가진 그림문자로

그림 89

93

수메르 초기 상형문자표(SP)

1	산	△ ∧ ⌒		
2	산맥	⟁ ⋀⋀ ⌒⌒		
3	물, 강	≈ == = ≋ 〰		
4	우물	⊙	●	⊡
5	great perfect complete	○	●	
6	수로	✖ ⊕ ⊕		
7	(Bar)	+	8	god star ✳
9	성소,왕궁,집 (Bar, Bara)	⊠ ⊠ ⊡ ⊞		
10	encircled	▢	11	10 ○

12	3600	● ○	13	36,000	⊙
14	216,000	✕	15	황소	
16	에딘				

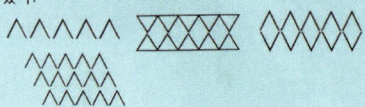

* 초기 상형문자에는 한 단어에 여러 유사형태들이 존재하는 경우가 많으며 확정하기 어려운 문자들도 있다. 본 도표는 본문에 사용되는 상형문자 중 가장 표준이 되는 것들을 실었다. 본장에서 도표를 약칭 SP로 표기했다.

* 초기부터 기하학적 문양으로 나타난 것들도 있다. 예를 들면 산들 속에 있는 낙원을 표현하는 연속된 산 문양은 지그재그(∧∧∧∧∧) 형태의 무늬가 되고 연속된 산 문양이(△△△△△ , ▽▽▽▽▽)상하로 만나면서 그 사이에 마름모형이 만들어지는 경우들이 있었다.

∧∧∧∧ ✕✕✕✕ ◇◇◇◇
〰〰〰
〰〰〰

그림 90. 수메르 상형문자 표
(cf. George A Barton)

94

사용되었다(그림 90 수메르 문자표). 고대인들에게 점차 샘은 생명의 원천이 되고 신이 주는 생명과 축복의 상징물로 여겨졌다.

그래서 최초의 수메르 도시 에리두에서는 주전 5000년의 신성한 우물터가 발굴되었고, 청동기 시대에 낙원의 땅 딜문으로 믿어졌던 바레인에서도 수메르 신화에서 낙원을 창조한 단물의 신 엔키(에아, 그림 91)를 섬기는 우물의 신전 터 바르바르(Bar-bar, 그림 92)가 발굴 보존되고 있다. 신라의 시조 박혁거세와 부인 알현도 우물가의 알에서 태어난 것으로 전하여 진다.

그림 91 엔키   그림 92

샘물이 낙원과 연계되어 있는 것은 수메르의 낙원 신화에서 잘 나타나니 단물의 신 에아(엔키, 그림 93, 양 어깨에서 물이 솟아 나온다)가 지하에서 땅 위로 물을 솟아나게 하여 낙원을 만든 이야기를 가지고 있다. 따라서 땅에서 솟아나오는 물은 만물에 생명을 공급하는 신이 주는 생수로서 물이 솟는 모습인 동심원은 신이 주는 생명을 상징하여 신전 등 신성한 곳에 사용되고 신

그림 93. 지하 물의 방에서 신들의 예방을 받고 있는 에아 신, 프라이부르그 대학 박물관

95

의 눈으로도 사용되었으니 신들의 어머니
신인 닌후르사그의 눈은 동심원으로 그려
졌으며(그림 67), 마야 잉카 문명에서도
동심원이 신들의 눈과 생명나무를 상징하
는 사인으로 사용되었다. 몰타의 고대 신
전 입구와 내부에는 많은 동심원 문양들
이 새겨져 있다(그림 94). 힌두교의 많은

그림 94

신들은 동심원의 문양들을 온 몸에 새겨 넣기도 했고 아프리카
주술사들의 머리 장식에는 동심원을 그려 자신이 신과 교통하는
샤만 임을 나타내곤 했다(사진 자료들은 <에덴의 발견> 책 pp 213ff 참
고).

그런데 동심원을 신성한 문양으로 여기며 주술 등에 사용한
것은 이미 초기 인류에게서 나타나 있으니 코르틱 테페에서 아
마도 샤먼들이 종교적 의식이나 주술에서 사용했을 것으로 판단
되는 여러 물건들이 동심원의 문양들로 새겨져 있었다. 그림 98
은 뱀과 함께 있는 주술사의 모습이다. 디야바키르 박물관에 소
장되어 있다. (사진ⓒ 성경N메소포타미아 유물관 BARA)

그림 95

그림 96

그림 97

그림 98

(2) 지그재그 문양과 빗살무늬의 삼각형

지그재그 패턴은 인류 초기부터 가장 많이 사용된 문양의 하나이며 후에 수메르 그림문자를 통해 볼 때 계속된 산들 즉 산맥을 표현했고, 두 줄 이상으로 그릴 때는 물이 흐르는 표시로도 사용되어졌다(그림 90). 물의 흐름은 완만한 지그재그로, 각이 선명한 지그재그는 연속된 산들 곧 산맥을 나타내었다.

또한 2줄의 곡선이나 직선은 물을 나타내었는데 물의 량에 따라 세 줄이나 네 줄로 표시되기도 했다. 또한 물의 흐름을 나타낼 때도 보통은 두 줄의 곡선 내지 직선이 길게 또는 완만한 지그재그로 표현했지만 물의 량이 많고 거칠게 흐르면 세 겹 또는 네 겹의 줄을 각이 지게 선으로 나타내기도 했다. 따라서 코르틱 테페 돌 항아리의 동심원과 4 방향의 여러 직선들과 지그재그는 많은 물이 솟아나와 4 방향으로 흘러가는 것을 묘사한다고 볼 수 있다. 후에 수메르 그림문자에서 우물의 동심원에서 4방향으로 선이 퍼지는 형태는 물이 흐르는 수로를 나타냈다(그림 90).

수메르 신들의 어머니인 닌후르사그(그림 99)의 모습은 이마에는 빗살무늬 산들의 문양이 크게 두 겹으로 새겨져 있고 그 위와 아래에는 산맥을 나타내는 지그재그 작은 문양이 둘러 새겨져 있다. 수메르인

그림 99

들의 사고로 신들은 높은 산 위에 사는 존재인지라 신의 어머니
인 닌후르사그의 모습에 산들의 문양이 여러 겹으로 새겨진 것
은 당연한 일이었다.

　고대인들에게 낙원은 신들의 땅으로 사람들이 쉽게 접근할 수
없는 깊은 산 속에 있다고 생각했으니, 길가메쉬 서사시에서 길
가메쉬가 신들의 땅 낙원을 찾아 갈 때 깊은 산 속 삼나무 숲의
후와와를 물리치며 일곱 산(맥)을 넘어 낙원에 도착한 것으로
묘사되었고, '엔메르 카르와 아라타의 주' 비문에도 우르크의 사
신들이 금과 보석의 땅 아라타를 찾아가는데 7 산맥을 넘어 간

그림 100 상 하 빗살
산의 울타리(지그재그 삼
각형) 속에 있는 낙원의
생명나무를 지키는 신수
(흰색 추가 되었음, 주전
11세기, 바빌론, 프라이
부르그대학 박물관

이야기가 있다.[45] 그런가 하면 불교의 낙원인 수미산도 태고의
바다를 건너 7 황금산맥을 넘어야 도달할 수 있는 곳이었고 힌
두교의 메루 산도 산들 깊은 곳의 정점에 있는 것을 캄보디아의
앙코르 왓 건축물을 통해 볼 수 있다.

　산의 특징 중 하나는 높고 나무들이 무성히 서있는 것이다.
그래서인지 산들은 보통 삼각형내지 빗살무늬 쳐진 삼각형들로

그림 101. 산악 지대에 산들로 감싸진 낙원을 묘사한 유물, 신성한 두 그루의 나무가 있으며 많은 새들이 깃들어 있고, 날개 달린 신수 두 마리가 중앙의 신과 함께 있으며 낙원을 창조한 담수의 신 엔키(에아)가 큰 산 또는 산맥을 상징하는 주신의 몸 아래 땅 속에 있다. 주전 15세기 경, 니푸르 출토

묘사되고 지그재그 형태로 산맥이 그려지곤 한다. 이미 언급한대로 에덴 낙원도 4대 강의 근원인 메소포타미아 북부 깊은 산들 속에

그림 102.

있었다. 수메르인들이 남긴 유물들에도 낙원이 산들의 울타리에 둘러쳐진 모습들이 있다. 그래서 고대인들은 신들이 높은 산 위에 거하는 모습의 유물들을 많이 남겼으며 신의 머리에는 산과 같은 뿔의 관을 씌었다(그림 102).

그리고 낮은 평야지대에 살던 수메르 바빌로니아 인들은 산과 같이 높은 탑 지그랕 위에 신전을 짓고 신에게 예배와 각종 의례를 행한 것이었나. 성경의 에덴동산 낙원과 코르딕 테페 돌항아리의 빗살무늬 삼각형의 모습들은 모두 낙원이 산들이 울타리처럼 둘러있는 산 속 깊은 곳에 있다는 것을 말해주고 있다.

(3) 십자 문양과 만자

그림 103

그림 104

그림105. 4600전,우르, 대영

그림 106. 신석기,

그림 107. 주전 5500년
경,시리아 북부 ,대영

인류가 남긴 초기 유물들 중에는 십자와 엑스 자 형태의 문양을 가진 것들이 많이 있다. 단순한 형태에서 원형이나 사각형 안에 인장처럼 새기고, 삼각형 산들을 4방에 연속으로 포개어 만들면서 십자 형태를 만드는 등 어떤 의미를 담은 디자인 같은 이미지들이 많이 존재한다. 그림 103-4에서 보듯이 12,000년 전 인류 초기의 코르틱 테페의 유물들 중에 이미 돌에 정교하게 새겨진 십자와 엑스 자 문양들이 남아있다. 이 문양들은 대개 귀중한 것에 새겨지면서 수천 년 지속적으로 사용되며 오늘날까지 이르렀다. 고대에 사용하던 이러한 인장들과 토기에 새겨진 그림들이 메소포타미아 전역에서 많이 발굴되었다(그림 105-108).

순수한 십자형도 있지만 삼각형 산들이 4 방향에 중첩되어 있으면서 그 가운데 경계가 십자 형태로 만들어지는 경우들도 상당히 많았다. 그림 105의 4600년 전 우르 왕릉에서 출토된 황금 검 집에도 이 문양이 중심문양으로 아름답고 정교하게 조각 되었다. 토기와 황금 검 집 등은 당대의 고귀한 자들이 소유하

그림 108. 7천-5천 년 전 인장들, 가지엔텝 박물관

고 누리는 물건들로 문양들이 무엇인가 귀한 의미를 담고 있을 수 있다.

그런데 수천 년 후 수메르 상형문자 중에 사각형 속에 십자 또는 엑스 자로 선이 그어지고, 4면 밖으로 4줄기의 직선이 4방향으로 그려진 것이 있는데 그 발음은 BARA이고 BAR로 표기하기도 한다. 그런데 이 그림문자는 3 가지의 중요한 의미를 품고 있다. 첫째 의미는 성소 신전 이고, 둘째 의미는 왕의 보좌 왕궁 이고, 셋째 의미는 사람이 사는 집이다.[46] 그러면 이 세 가지 의미를 함께 가지는 어떠한 곳이 있었을까?

우리가 아는 대로 상형문자는 그 형태와 특징을 가지고 만들어진 문자이다. 앞의 수메르 문자표(그림 90 SP)에서 보듯이 사각형은 담으로 둘러쳐진 어떤 구별된 공간(enclosure)의 의미가 있다. 그런데 BARA₂는 그 안이 십자 또는 엑스 자에 의해 특징되며 사각형 밖으로 4개의 직선이 나간다. 수메르 문자표에 의하면 2개의 곡선 내지 직선은 물을 나타내며 그 량이 많을 때는 세 줄 또는 네 줄로 표시된다[47]. 다시 말해 BARA₂의 그림문자는 물줄기가 특정한 지역(사각형) 안에서 4방향으로 나뉘어 흐르다가 사방 밖으로 물들이 많이 흘러나가는 형태이다. 그렇다면 이러한 지리적 모습에다 위에서 말한 세 가지 의미를 가지고 있는 어떤 특별한 장소가 있었을까?

그림 109

이제까지 이것에 대해 설명된 것은 없다. 그러나 성경의 사건을 여기에 비교해보면 놀라울 정도로 유사한 곳을 발견하게 된다. 물론 성경은 세상 모든 이야기를 다 해주지 않는다. 성경은 하나님의 사랑과 인류 구원의 역사에 초점이 맞추어져 기록된 책이기 때문이다. 그러나 중간 중간에 인간의 지혜나 경험으로 풀 수 없는 것들에 대한 힌트를 성경이 말해주는 진실 속에서 얻는 경우가 종종 있다.

인류 초기 메소포타미아 북부 코르테 테페에 사시던 분들이 정성스럽게 돌 항아리에 새겨 망자에게 드린 그림의 내용과 수천 년 뒤 남부 메소포타미아에서 최초 문명을 이룬 수메르인들이 사용한 상형문자가 유사한 형태와 의미를 가지고 있는 것이 성경의 내용과 함께 드러나고 있는 것이다. 수메르인들이 사용한 상형문자 바라의 형태와 의미는 성경 에덴의 내용과 일치되니,

첫째로 에덴동산은 단어(히,'간;ון':a enclosure, garden)[48]의 의미대로 산맥 같이 많은 산의 울타리로 둘러쳐진 구별된 공간(□; Enclosure)이었고,

그림 110

둘째로 에덴동산 안에는 에덴의 샘에서 흘러 온 강물이 동산 안을 두루 적시며 4 갈래로(✚, X) 나뉘었고,

셋째로 그 많은 물이 4 방향 밖으로 나뉘어 흘러나가 4 강 비손, 기혼, 티그리스, 유프라테스를 이룬 것이다. (그림 110. 주전 5.2-4.2천 년, 우르, 대영/ 그림 111. 주전 5천 년, 이란)

그림 111

에덴은 하나님이 만드셨고 하나님이 친히 그 동산을 찾아오시고 거니셨으며(창3:8), 선악과와 생명나무가 있던 거룩한 성소(Santuary)요, 인류의 조상인 왕 같은 이가 거하던 왕궁(Palace)이요, 사람 남녀가 가정을 이루고 사는 거처(House)와 같은 곳이니 BARA, BAR의 지형적 모습과 세 가지 의미가 모두 충족되는 곳이다.

그런데 BAR는 ✚ 형태로 표시되고(그림 57), 그 의미에 'Barrier, fence, enclosure' 등이 있고 '에덴동산'도 히브리어 문자적 의미는 'a garden (as fenced), enclosure'[49]로 서로 의미가 통한다. 따라서 수메르의 BAR ✚ 문양은 훨씬 이전 수메르 문명의 뿌리가 될 수 있는 코르틱 테페 돌항아리의 십자 문양과 연계되어 생각할 수 있고 따라서 돌항아리의 그림이 낙원(에덴)을 상징한다는 필자의 해석을 뒷받침해주는 것이다. 그리고 여기서 한 걸음 더 나가 ✚ 장소(BAR)에서 4 방향으로 흘러나간 물들이 비스듬히 돌아 흐르는 모습에서 만자(Swastika)가 만들어진 것으로 파악되니 고대어 학자 L A Waddell도 BAR의 ✚ 사인 형태와 관련하여 Swastika에 대해 말하고 있다.[50] 만자는 주전 5-6 천 년 대의 토기들에 낙원을 상징하는 물과 산 그리고 동물들과 함께 선명히 그려지고 그 이후 시대에 이르기까지 낙원을 상징하는 마크로 동서고금에 널리 사용되게 되었다.

그림 112

그림 113

만자는 산스크리트어로 '스와스티카(Swastika)'라 하는데 이 단어의 뿌리는 'sv-asti'(sv:well, asti:it is)로 건강하고 행복하고 번영하고 성공적인 삶을 의미한다. 다시 말해 낙원에서처럼 모든 것이 좋고 만족한 상태를 나타낸다.51) 따라서 에덴에서 네 방향으로 흘러나가 퍼지는 형태로서의 만자는 수메르 바빌로니아 페르시아 헬라 로마를 거쳐 현대까지, 종교적으로 조로아스터교에서 이슬람, 힌두교에서 불교, 심지어 유대 성전과 회당 그리고 초기 기독교 교회까지 만민이 선호하는 문양으로서 장식되고 사용되어 왔음이 고고학적으로 밝혀졌다. 에덴동산의 지형적 구조는 네 물줄기의 네 방향, 생명나무, 피흘리는 짐승의 가죽 옷 등 십자가의 진리가 담겨있는 성소였던 곳으로 파악된다. (그림 112. 주전 4-3.2천 년, 유프라테스 대학 / 그림 113. 주전 2.5-1.5 동이란, 대영).

그림 114.
주전 5천 년 기의 토기,
사마라,
중심에 물이 사방으로
퍼지는 만자가 있고 그
주위에 물고기와
그것을 사냥하는
새들이 그려져 있다.
베를린 국립박물관

12,400년 전 코르틱 테페의 C 항아리에는 그림의 조각 위에 십자 형태를 크게 새겨 놓은 것이 있었으니 이것은 무슨 의미였

을까? 돌 항아리들은 만든 후 정성스레 망자에게 봉헌되어 무덤에 묻힌 것이니 이 십자형 조각은 낙서가 아니라 어떤 의미를 가지고 크게 새겨놓은 것이라 볼 수 있다. 이것은 동심원에서 4방향으로 물이 퍼져나간 그림과도 의미가 통한다. 성경이 표현한 에덴동산에서 퍼져나간 4개의 강은 이미 동산 안에서 네 방향이 설정되어 나누어진 것이니 십자형으로 표현된 것이라 생각

그림 115

할 수 있다. 그래서인지 터키 동남부의 Tas Tepe-ler를 비롯하여 고대 유적지에서 출토된 많은 신석기 유물들, 특별히 신과 신전 제사와 관련된 유물들 중에는 십자형 내지 X자형 조각 인장과 무늬들이 많이 있다. 청동기 유물들에는 더 많은 모습들이 나타난다. (참고. 에덴의 발견). 그림 115는 청동기 바레인 섬에서 출토된 것이다(바레인 국립박물관). 이 시기에 바레인 섬은 수메르의 딜문(낙원)으로 알려진 곳이었다. 낙원에 묻힌 이들의 무덤에서 십자형 무늬의 토기가 나온 것이다.

(4) 짐승과 뱀

성경의 에덴동산은 다양하고 아름다운 수목들이 있었고 많은 짐승들이 함께 살았다고 묘사되었다. 그리고 최초의 인간 아담은 에덴동산을 경작하고 관리했으며 하나님께서는 아담이 모든 짐승들에게 이름을 지어주도록 아담에게로 나아오게 했다고 설명한다(창2:8-19). 에덴동산은 사람과 동물, 식물의 모든 생명체

가 신의 축복과 사랑을 나누는 평화의 낙원이었다. 그러므로 낙원을 묘사할 때 나무와 짐승들이 함께 나온다. 그런데 성경의

그림 117

낙원인 에덴동산에서 유일하게 그 이름이 언급된 짐승은 뱀이었고 뱀은 인간에게서 영생과 낙원을 빼앗아 간 특별한 존재로 설명되고 있다. 그런데 코르틱 테페의 돌 항아리 B에도 뿔이 큰 짐승 한 쌍과 함께 뱀의 머리를 가진 가느다란 지그재그 선이 수직으로 새겨져있다.(그림 117)

그림 11

그림 118

다른 돌 항아리에는 복수의 인간과 함께 신의 중재자로 보이는 머리에 특별한 장식물을 쓴 샤먼이 큰 뱀과 함께 서있는 조각이 새겨져 있다(그림 118). 그리고 또 다른 항아리에는 여러 뱀들의 모습이 돌 항아리 전체에 새겨져 있다(그림 119). 이미 뱀을 통한 어떠한 주술과 의례가 있던 것처럼 보인다. 이것은 1만년 후 타이완의 원주민들이 사용하던 샤먼의 주술 뱀 항아리와도 상당히 유사해 보인다. 뱀은 껍질을 벗고 환생하는 존재처럼 보이고 그 생식력과 알을 통한 번식력 등이 겹쳐지면서 원시사회 때부터 신으로 숭배되었고 결국 바빌로니아 제국의 수호신은 뱀의 머리에 큰 뿔을 단용으로 변신한 것이었다. 에덴동산에서 하나님을 떠나 속임수로 인간을 죄에 빠지게 한, 두 혀를 가진 뱀은 성경에서 거짓의 아비요 불순종의 원흉 사탄의 상징으로

그림 119

쓰였는데, 그 뱀은 여전히 숭배의 대상이 되어 세상 권세와 문화를 장악하고 세상을 죄와 멸망의 길로 이끄는 것을 유물들을 통해서 확인하게 된다.

그리고 코르틱 테페에서 멀지 않은 수 백 년 뒤에 세워진 카라한 테페에는 뱀이 마치 큰 뱀 리워야단처럼 바위벽에 조각되었고(그림 121) 그 앞에는 깊은 웅덩이, 좌측에는 뱀의 머리와 몸통을 형상화 한 듯한 11개의 남근을 상징하는 것으로 말해지는 은밀한 방(그림 120)이 상당한 규모의 신전과 붙어있다. 뱀

그림 120

의 형상이 있는 곳에 대부분 성적인 것들이 결부되어 있으니 근
처의 또 다른 신전에는 벌거벗은 남성이 제단 앞에 서있기도 하
다.

또한 카라한 테페에서 서쪽으로 약 60km 떨어진 곳에 있는
수 백 년 뒤에 세워진 괴베클리 테페는 최초로 순수한 거석 집
단 예배 장소로 세워졌는데 그곳의 가장 오래된 신전 D의 중심
제단 위에는 멧돼지가 올려져있었고 그 제단 받침대에는 H C
문양과 함께 두 뱀이 길게 조각되어 있었으니(그림 123), 역시
당시의 신앙이 비록 북쪽의 에덴을 향하여 제단이 만들어졌다

그림 121

그림 122   그림 123   그림 124   그림 125

그림 126

하더라도 이미 타락한 존재들로서 막연하나마 특별한 조상에 대한 숭배 신앙과 함께 토템 신앙으로 혼합되어 가는듯한 모습을 보인다. 특별히 제단 받침대와 함께 작은 T 형 기둥들 여러 곳에 많은 뱀들이 묘사되고 있어(그림 122-125) D제단이 뱀을 숭배하는 신앙 쪽으로 기울어져 가고 있지 않나 의심할 수 있다.

그림 127

또한 작은 돌 위에 새겨진 조각에는 뱀이 나무 옆에 서있고 그 반대편에 사람(새?)의 모습이 보여 선악과 사건을 연상케 한다(그림 조합 126). 그리고 괴베클리보다 약 1,000년 후에 조성된 네발리초리 테페에서 출토된 인간 두상에는 뱀이 머리 위에 양각되어 뱀이 인간 머리 위에서 인간을 지배하는 존재로 느끼게 한다(그림 128, 우르파 M). 마치 후에 바빌로니아의 경계 비석 머리 위에 바벨론의 큰 뱀 신들이 올라가 있는 모습과 연계된다.(그림 127, 대영).

그림 128

그리고 코르틱 테페에서 티그리스 강을 따라 남쪽으로더 내려가면 만나는, 니느웨 가까운 곳에 있는, 가우라 (Gawra) 테페에서는 4,500년 전 지층에서 마치 에덴의 선악과 사건을 보듯이 뱀의 속삭임을 들으며 나무의 열매를 따는 여인의 모습이 새겨진 인장(그림 129, 대영)이 발굴되었고 그 아래 6,000년 전 지층에서는 마치 에덴에서 추방당하는 모습처럼 보이는 벌거벗은 남녀와 그 뒤를 따르

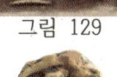

그림 129

그림 130

그림 131.
괴베클리
D제단의
작은 T
기둥, 새와
오리, 거미
다수의 뱀
등이 새겨져
있다.

성경유물관 BARA

그림 132. 괴베클리 테페 A 제단
의 기둥 뱀 조각

는 서있는 뱀의 모습 유물(그림 130, Replica)도 발굴 되었다.

이 모든 것들이 에덴에서 발원된 유프라테스와 티그리스 강의 상류에서 나온 현생인류 초기의 유물들이다. 후에 길가메쉬 서사시에서는 신의 땅 낙원 딜문을 찾아간 길가메쉬가 불로초를 발견하고 만족하며 영생을 소유할 줄 알았지만 뱀에게 불로초를 **빼앗겨버리고** 탄식하는 이야기도 있어 후대까지 낙원(영생)과 뱀의 관련 이미지를 연결해주고 있다.

코르틱 테페와 카라한 테페, 괴베클리 테페를 비롯해 신석기 초기의 유물들과 건축물 등에 특별히 뱀들이 많이 새겨져 있었고 타락 이후 하나님을 떠난 인류는 점점 더 영적으로 어둠의 영에 지배받으며 사탄을 상징했던 뱀을 숭배의 대상으로 만들어 갔고 바빌로니아 시대에는 주신으로 크게 부각되며 뱀에 신성한 **뿔**을 달이 **용**으로 발전시켜 숭배하게 되었다.

그리고 이 시대에 더 나아가 성경이 바벨론 신화 등에서 영향을 받아 만들어진 것이라고 거짓 왜곡하며, 마치 에덴의 뱀이 하나님의 말씀을 부정하고 자신의 말을 내세운 것 처럼, 오늘날은 학문과 이성의 미명 아래 하나님의 말씀과 그 신실함의 권위를 바벨론 뱀의 영향과 그 아래 두어 하나님의 말씀을 비하 왜곡시키는 잘못된 이들이 있다. 그리고 그러한 가르침들이 뱀의 도구가 될 수 있다는 경각심을 갖게 한다.

그림 133. 바벨론 이쉬타르 성문에 새겨진 뿔 달린 뱀, 수호신의 머리

이제까지 우리는 구석기 말에서 신석기 초기의 수렵채집인들이 아직 문명하지 못한 미개한 사람들로 생각했고 종교도 농업혁명 이후 사회의 발전 속에 문화가 형성되고 발전해나가는 과정 속에서 이루어졌다고 생각해 왔다. 그러나 그 동안 터키 동남부에서 발굴된 이 시기의 인류가 남긴 많은 유물 유적들이 지금까지의 이론을 수정하게 만들고 있다. 11,600전의 괴베클리 테페 유적들은 먼저 어떤 종교적 동기가 집단을 형성하고 사회

를 조직화 하고 문화의 발전을 선도하는 역할을 했다는 증거들에 세계는 놀라워하고 있다. 또한 그들이 오늘날과 같은 특별한 도구들의 도움 없이 보인 힘과 기술 및 종교 예술적 표현들에 대해서도 수긍하기 어려울 정도이다. 12,000년 전의 카라한 테페 역시 신전과 주거지 등의 대규모 유적지들과 종교적 행위들이 하나씩 그 베일을 벗기며 놀라움을 더하고 있다.

그렇다면 그들이 그렇게 하나가 될 수 있었던 종교성과 그 뛰어난 기술과 행위들은 어디에서 나온 것일까? 특별히 최초의 주거 유적지인 코르틱 테페에서 출토된, 일반 고고학 연대로 12,400여 년 전 돌 항아리에 새겨진 조각들은 우리들의 기존 사고를 뒤집는 충격적인 발굴이었다. 제작 연대는 물론 문양들의 정교함과 예술적인 모습들은 이제까지의 수렵 채집인들에 대한 진화론적 기존 인식으로는 받아들이기 어려울 뿐만 아니라 그 작품 속에 그들의 어떤 정신 종교 세계와 문화의 스토리가 담겨있는 것으로 보여 문명인이라고 자긍하는 우리를 더욱 초라하게 느끼게 만드는 것이었다.

그들이 선조들과 망자들을 존중히 여겨 집안에 매장하고 모시며 뛰어난 금속 도구가 없이 정성된 수고의 과정을 거쳐 돌을 깎고 다듬고 거기에 의미가 담긴 그림들을 정교하게 새기어 망자에게 헌정하고 그 무덤 시신 옆에 유품들과 항아리를 함께 안치하는 정신과 문화는 어디에서 나온 것일까? 그리고 구성원들 모두가 공감하고 존중하는 그림을 담아 함께 장례의식을 치룰 수 있는 그러한 공동의 인식과 경험은 어디서 나온 것일까? 여러 각도에서 조사하고 해석할 필요가 있는 중 이 지역이 티그리스 강의 상류지역으로 성경에 나타난 에덴과 인류 초기의 사건들과 연계되는 지리적 공통점이 있기에 이 유물에 대한 성경적 접근과 해석 그리고 수 천 년이 지나도록 같은 강의 하류 수메르 지역에서 큰 문명을 일으킨 수메르인들의 그림문자와의 비교를 통해 그 의미를 확인하는 일은 학문적으로나 성경적으로 가치가 있는 일이라 생각된다.

그림 134. 카라한 테페의 대 신전 공공 홀

3장

초기 인류의 유물 유적에 나타난
성적 왜곡과 문란

1. 창세기 4-6장에 나타난 성적 타락 이야기

창세기는 에덴 추방 이후 인류가 번성하면서 크게 타락하고 범죄하여 노아 대홍수의 심판을 받게 됨을 말한다. 그런데 그 범죄와 성경은 아래와 같이 설명한다.

"사람이 땅 위에 번성하기 시작할 때에 그들에게서 딸들이 나니 하나님의 아들들이 사람의 딸들의 아름다움을 보고 자기들이 좋아하는 모든 여자를 아내로 삼는지라 여호와께서 이르시되 나의

영이 영원히 사람과 함께 하지 아니하리니 이는 그들이 육신이 됨이라...."(창6:1-3)

고 했다. 다시 말해서 하나님께서는 초기 인류가 에덴동산에서 만들어 주신 것처럼, 한 남자와 한 여자가 사랑으로 하나 되어 신성하고 아름다운 가정을 이루도록 하셨는데 그러한 하나님의 창조 원리를 깨버리고 하나님의 아들들이 자기가 원하는 모든 여자를 아내로 삼는 일을 자행하였다. 이것은 하나님이 세우신 가정의 원리를 허물고 하나님의 형상을 따라 창조된 존귀한 인간이 오직 육체의 욕망을 따라 행하는 죄악 된 일이었다. 그래서 하나님의 영이 더 이상 인간과 함께 할 수 없는 모습이라고 지적하신 것이다. 이러한 상황 속에서 하나님께서는 다음같이 이어 말씀하셨다.

"사람의 죄악이 세상에 가득함과 그의 마음으로 생각하는 모든 계획이 항상 악할 뿐임을 보시고 땅위에 사람 지으셨음을 한탄하사 마음에 근심하시고 이르시되 내가 창조한 사람을 내가 지면에서 쓸어버리되 사람으로부터 가축과 기는 것과 공중의 새까지 그리하리니 이는 내가 그것들을 지었음을 한탄함이니라 하시니라"(6:5-7)

우리는 그 동안 성경의 이러한 내용들을 설명해줄 수 있는 초기 인류의 성경 외적 자료들을 찾기가 어려웠다. 구석기나 신석기 초기 인류가 사용하던 생활도구나 양식 등에 대한 유물들과 설명들은 많이 있었지만 그들의 정신적 종교적 사회적 행위들에 대해서는 구체적 자료들을 얻기가 쉽지 않았다. 그래서 성경의 태고사 내용들이 의심받고 신화화 되는데 학문적 대응을 별로 하지 못하였다.

그런데 최근에 일반 고고학 연대로 10,700년 이후의 그야말로 인류 최초의 규모 있는 메소포타미아 주거유적지들이 찾아지고 발굴되면서 이제까지 우리가 알 수 없고 볼 수 없었던 새로운 고고학 역사 유물들이 세상을 놀라게 하고, 이제까지 정설로 여겨온 문명의 이론들을 다시 쓰게 하는 대 사건들이 일어나고 있는 것이다. 이러한 일들은 앞장에서 언급한 터키 동부의 괴베클리 테페를 위시해 그 주변 지역의 많은 초기 신석기 테페들의 발굴을 통해서 나타나고 있다.

이러한 와중에 출토된 여러 유물들이 초기 인류의 성과 관련한 모습들을 보여주며 우리의 또 다른 관심을 끌게 하고 있다. 이제까지 노아의 대홍수에 대해서는 많은 연구와 이론들이 있었는데 아쉽게도 대홍수 전 초기 인류가 성경이 말하는 대로 성적으로 문란한 문화를 가지고 있었는지에 대해서는 보여줄 자료가 거의 없었다. 그런데 최근에 발굴된 인류 초기 유물과 유적들이 당시 지도적 위치에 있는 남성들의 성적 행위 모습을 부각시키고 공동체의 어떤 사회적 종교적 의식 속에서 성이 신성화 되거나 고양되도록 공공장소에 당당하게 노출시키는 등 당시의 공동체가 문란한 성의 문화 속에 젖어있었음을 보여주는 조각상들이 다수 발굴되고 있는 것이다.

성은 가정을 이루고 자녀를 낳고 아름다운 삶을 영위하게 하는 도구이다. 특별히 인류 초기 자손 번성이 중요한 시대에 성은 중요하게 존중될 수 있었을 것이다. 그런데 이것이 창세기 6장의 지적대로 순수하고 구별되게 지켜져야 할 가정의 원리를 파괴시키고 원하는 모든 여자를 아내로 삼는 남성들의 단순한 정욕과 죄의 욕망을 채우는 육체적 행위로 전락되는 것은 고귀한 하나님의 형상과 아름다운 가정을 망가트리는 악한 일이 되는 것이었다.

인간이 에덴동산에서 사탄 곧 뱀의 유혹을 받고 선악과를 먹어 범죄 하므로 인간은 벌거벗은 수치를 알게 되었고 무화과나무 잎으로 옷을 해 입어야 했다. 그런데 하나님께서는 더 확실한 가죽옷을 지어 입히셨다. 이후 의상은 인간의 성적 수치심을 덮는 매개체로서 중요한 역할을 하게 된다. 이제 공공연히 성을 노출하거나 강요된 성적인 모습이나 행위는 정상적 인간으로서는 부자연스럽고 부끄러운 것이 되었고, 음란하고 혐오스러운 범죄로 법으로 통제되는 것이 보편적 인간 사회이다.

그런데 이러한 보편적 자연스러운 인간의 감정과 모습을 역행하여 성적인 모습을 공공연히 노출시키고 조장하며 어떤 종교적 의식 속에서 공동체가 함께 참여하게 하는 행위는 당시 사회 지배자들의 잘못된 윤리관과 종교관에서 비롯된 것이라고 말할 수 있다. 자손의 번식과 생명의 에너지를 존중한다고 해도 합리화시키기 어렵다. 왜곡된 성적 행위들이다. 그래서 성경에는 대홍수 후 노아가 포도주에 취해 벌거벗은 채로 잠들었을 때 잘못행한 아들 함과 가나안은 노아의 저주를 받는 일까지 있었다. 셈과 함은 뒷걸음으로 아버지의 몸을 덮어주는 것을 당연한 도리로 여겼고 후에 아버지 노아로부터 축복의 예언을 받았다. 성적인 것을 부끄러워하고 감추는 것은 고대나 지금이나 변함없는 인간의 자연스럽고 보편적인 본성이고 성경적 원리이다.

2. 카라한, 사이부지 테페와 성적 표현들

1) 카라한 테페

카라한 테페는 터키 동부 우르파에서 동쪽으로 멀리 떨어진 외진 돌 산 위에 있는 10,000 BC에서 9,500 BC 시기의 유적지이다.[52] 괴베클리에서 약 60km 떨어진 곳에 있으며 흔히 괴베클리의 자매 지역으로 불리운다.[53] 1997년에 하란대학의 Bahattin Celik에 의해 처음 발견되었고[54] 2019년부터 본격적으로 발굴이 시작되었다. 이곳은 괴베클리보다 수백 년 앞선 곳이고 사람들이 모여 산 주거 흔적들이 있으며 크고 작은 여러

그림 135. 카라한 테페 주요 발굴 현장, 주전 11세기, 터키 동부

개의 공공 신전과 홀들이 있어 종교 의식과 다양한 의례들이 이루어졌음을 알 수 있고 생활 도구들과 유물들이 많이 출토되었다. 그 주변의 넓은 지역이 함께 유적지의 군락을 이룬 가운데 2023년 기준하여 5% 정도 밖에 발굴하지 못한 상태이다. 그럼에도 불구하고 다양한 많은 유물들과 건축물들은 기존 문명이론의 상식을 뛰어넘는 것들이어서 현대인들을 놀라게 하고 계속 주목을 받고 있는 곳이다.

그 중 성적 문화에 특별한 관심을 끄는 것들이 있으니, 신전 앞에 벌거벗은 채 자신의 생식기를 잡고 있는 인물 조각상과 십여 개의 돌기둥들 아마도 남성 생식기를 나타낸 것으로 보이는 독특한 구조의 홀과 더불어 연계되어진 신전 건축물들이다. 이제까지 발견된 것만으로도 초기 인류가 가지고 있던 생활양식, 문화, 종교, 성에 대한 관심과 형태를 어느 정도 가늠할 만한

그림 136. 카라한 테페의 한 신전 제단부와 나체의 2.3m 인간상

것들이다.

2023년에 발굴된 나체의 남자 조각상은 종교의식을 행하는 홀의 제단 옆에 약간 앉은 자세로 자신의 생식기를 잡고 있는 모습이다. 약 2.3m의 거인상 얼굴의 이 남성상은 벌거벗었고 그 가슴에 갈비뼈들이 앙상히 드러나 있다. 이러한 모습은 아마 망자이신 그들의 조상일 수 있다고 하며, 생식과 번성의 의미를 강조하여 이러한 모습으로 기념비를 세운 것으로 해석한다.

그런데 성을 통해 자손을 번성시키는 것은 소중한 일이요 그러한 조상을 기리는 것도 귀한 일이지만, 공경 받아야 할 조상을 벌거벗기어 수치스러운 모습으로 세워두는 것이 일반적 자연스런 인간 본성에 맞는 것인지는 묻지 않을 수 없다.

그림 137

그리고 그 당시의 사회가 그런 것을 자연스러움으로 받아들여 그렇게 했다면 이것이야말로 그 시대 공동체 문화가 성적으로 많이 왜곡 변질되어 있었다는 증거가 될 수 있다. 이것은 시대에 따른 상황윤리가 아니라 인간의 본성을 거스릴 정도로 바뀌어버린 그 당시의 사회적 인식을 볼 수 있는 것이다. 생명과 자손 번성을 소중히 여긴 것이라면 여성의 출산이나 다른 의식들로도 표현될 수 있는 것이다. 실제로 괴베클리 테페에서는 돌에 새겨진 여성이 출산하는(?) 모습으로 보이는 유물이 출토되었고 (그림 137) 또한 일명 토템기둥((그림 138)으로도 불리는 돌기둥에 역시 여성이 아이를 출산하는(?) 듯한 모습이 조각되어 당시

그림 138

생명의 탄생 곧 자녀의 출산이 공동체가 기념할만한 중요한 사건이었음을 보여준다.

그런데 PPN-A나 PPN-B 시기의 신석기 초기 유물들에서는 여성이 아니 주로 남성의 성적인 모습들이 더 강조되고 공공의 장소에 자주 나타나 있다는 특징이 있다. 여신이나 여성들의 신체적 특징들이 전체적으로 표현된 유물들은 오랜 후 차탈휘욕 등에서부터 보이기 시작한다. 그런데 성경은 에덴 이후 인간의 타락에 대해서 다음 같이 말한다.

'사람이 땅 위에 번성하기 시작할 때에 그들에게서 딸들이 나니 하나님의 아들들이 사람의 딸들의 아름다움을 보고 자기들이 좋아하는 모든 여자를 아내로 삼는지라"(창6:1-2

남자들이 유체적 욕망에 이끌리어 에덴동산에서 세우신 일부일처의 신성한 가정 윤리를 깨고 육체가 원하는 대로 자기들이 좋아하는 모든 여자를 아내로 삼는 부도덕한 일을 자행하는 것에 대해 하나님이 진노하심을 성경은 말하고 있다.

그런데 발굴된 인류 초기의 유물들에 남자들의 성적 행위에 대한 묘사들이 많이 나타나고 있다. 그리고 여기서 문제는 공공의 장소나 제단에 벌거벗겨 세워둔 남성상이 조상이든 지배자이든 그들이 감추어져야 정상일 성적 모습이 공적인 장소에서 모두에게 노출되고 인정되고 그곳에 모인 이들의 의식과 감정에 유입되고

그림 139

그리고 나아가 그 이상의 행위들이 수반될 수 있는 모종의 의식들이 공공연하게 거행될 수 있었다는 문화와 상황이 바로 잘못된 모습이라고 말할 수 있다. 그림 139는 발굴된 또 다른 나체상을 보여준다.

그런데 앞 장에서 언급된 괴베클리 테페에서는 좀 다른 모습들이 있었다. 제단들 중에 가장 처음에 세워진 그리고 가장 크고 중심이 되는 D 제단의 중앙기둥에 새겨진 조상으로 여겨지는 특별한 이는 허리 아래 하체를 여우 의상으로 덮은 품위 있는 모습이었다. 그러나 카라한 테페 경우는 전혀 다르다. 그냥 나체가 아니라 생식기를 잡고 있는 민망한 모습이다. 우리는 여기서 당시 여러 지역의 공동체들이 자기 나름의 관습과 의례와 다른 가치관을 가지고 있음을 볼 수 있다. 마치 성경에 아담의 아들 아벨은 하나님이 기뻐하시는 제사를 드렸고 셋의 혈통은 에녹에서 노아로 이어지는 올바른 신앙의 가계를 이어간 의로운 자들이었지만 가인과 또 다른 무명의 자녀들은 하나님으로부터 멀어지고 어긋난 길들을 간 것처럼 신석기 초기 괴베클리 테페를 중심한 주변의 여러 다른 공동체들도 각각의 다른 특징을 가졌던 것으로 파악된다.

성경에서 노아가 포도주에 취해 벌거벗은 모습이 자녀들에게 노출된 후 벌어진 경우와 비교해볼 때 성적으로 엄격한 금기가 있던 신앙 공동체와 전혀 다른 성에 대한 인식과 문화를 가진 공동체가 있었음을 볼 수 있다. 보편적인 사람들의 인식과 감정에 상반되는 불경한 모습이 오히려 자랑이 되고 공공연하게 고취되는 잘못된 성문화라고 말할 수 있다. 그리고 이러한 현상들이 실제로 후대의 바빌로니아 신전이나 가나안의 바알의 신전 등에서 종교의식과 함께 일어난 성행위들과의 연결성을 볼 수 있고 성경은 그러한 행위들을 발람과 이세벨의 무리들이 행한 타락한 죄로 크게 책망하는 것이었다(계시록 2-3장.

만약에 그런 조각상이 어떤 이의 해석대로 조상을 상징하고 조상이 주신 생명을 기리는 것이라 한다면 그것도 일반적이고 정상적인 모습으로 받아드리기 어렵다. 오히려 조상을 부끄러운 모습으로 만들어 세워두는 잘못된 행위라고 말할 수 있으며 그 시대 사람들의 성에 대한 인식이 왜곡되어 있었다고 말할 수 있다. 왜냐하면 자신들은 벌거벗는 수치를 느끼는 인간 본성을 따

그림 141

그림 140

그림 142

126

라 의상을 입었을 것이기 때문이다.

카라한 테페의 성적 문란을 보여주는 대표적인 모습은 다른 곳에 있다. 이제까지의 발굴로는 가장 중심이 되는 대형 신전이 있고 그것과 연결된 부속 신전에는 바닥 돌과 연결되어 솟아나온 다시 말해 바위를 덩어리 위에서부터 파 내려가면서 바닥 돌과 같은 몸체로 세운 기둥 9개와 돌기둥을 하나 더한 10개의 기둥이 있는데 그 모양이 남성의 성기를 닮아 보여서 대부분 그렇게 해석하는 홀이 있다. 그런데 더 특별한 것은이 홀의 상부 벽에 그 기둥들을 내려다 보는 강렬한 인상을 가진 거인상의 얼굴 조각이 벽에 돌출되어 있다.

아마도 대형 신전에서 어떤 종교적 의례를 행한 후에 서편의 작은 문을 통해 계단 아래로 내력면 10개 기둥의 신전이(그림 115) 나오고 그곳에서 어떤 의례가 있은 후에 다시 서편 계단으로 올라가면 큰 뱀이 바위에 새겨지고 깊은 물웅덩이가 있는 열려진 공공장소와 연결되도록 구성되어 있다. 물론 이 10기둥 홀에 대해서 온돌 시스템 등으로 다르게 해석하는 이들이 있기는 하나 이후에 힌두교에서 만든 시바 신의 남근 상(그림 142, 여성 생식기 위에 세워져 있음)과 유사한 이것들이 인류 초기부터 남성의 성을 상징하고 강조하였던 것으로 보는 것이 일반적 견해이다. 후에 이루어진 힌두교의 사당들에는 시바의 상징물 말고도 성적인 행위를 종교 의례 속에서 노골적으로 묘사한 조각 장식들이 많이 나타나 있다.

거기다가 한 걸음 더 나아가 필자의 견해로는 신전의 벽면에
돌출되어 정면으로 내려다보는 거인상의 얼굴은 그 기둥들과 관
련된 지배자일 수 있고, 이러한 지배자의 정신이 당시 테페의
모든 것을 구성하였고 결국 그의 왜곡된 성의식이 공동체속에
유지되도록 표현된 것이라고 해석해 본다. 그리고 성적인 문란
함이 있는 곳엔 대개 인성의 파괴와 더불어 폭력적인 사건들도

그림 144

그림 143

그림 145

많이 일어나는데 카라한 테페의 모습이 그렇다.

작은 신전에는 거인상의 두상이 생생하게 남아있고 10개 기

그림 146

둥의 방을 내려다보고 있는데 앞에서 설명한 근처에 있는 또 다른 벌거벗은 인간상의 신전은 티자 대기둥들은 산산이 부셔져 쓰러져 있고 제단 옆의 두 기둥도 몇 덩어리로 부셔져 있었으며 조상 같은 남성상도 이마와 얼굴부위가 크게 부셔졌으며 몸이 3동강 나 있었다(그림 145). 그리고 그 공공제단 위쪽에 있는 작은 성소의 네 티자 기둥도 거의 박살이 나다시피 부수어져 있었다(그림 143). 가장 큰 신전의 중앙에 붙어있던 거인형 두상은 얼굴이 부셔져 땅 바닥에 떨어져 있었다(그림 146). 또 다른 부서진 얼굴상도 있다(그림 144). 어쩌면 이러한 모습들은 내부의 반란 또는 후대의 다른 세력에 의해 파괴 정복되고 얼굴과 10개 기둥이 그대로 남아있는 은밀한 방의 두상 지도자가 새 권력자가 되어 카라한 테페를 주도해 나간 것으로도 추정해 볼 수 있다.

그림 147

2) 사이부지 테페

Sayburc 테페는 괴베클리 테페 서남쪽으로 약 40km, 유프라테스 강으로부터 동쪽으로 60km 떨어진 곳에 있으며 2021년부터 발굴이 시작되었다.55) 신석기 초기 인들의 주거지로서 T자

그림 148

그림 149.

형 돌기둥들이 세워진 신전들과 주거 건물들 및 생활 도구들이 많이 발굴되었다. 주전 9000년대(PPNA)의 유적지로서[56] 마을 한 가운데 자리하고 있다. 현재의 발굴로는 신전과 주거지가 함께 있는 지역이 있고 (그림 147), 약간 떨어진 곳에 어떤 종교적 의례들과 공적인 일들이 시행된 것으로 보이는 지름 약 11m에 높이 약 0.6-,8m의 벽이 있는 원형 타입의 개방된 홀이 있는 곳이다(그림 148-9). 어떤 의미 있는 그림이 벽면에 조각되어 있는 이곳은 특별한 모임을 위한 장소였음을 시사한다.[57]

카라한 테페의 남성 나체상과 유사한 모습의 양각 조각상이 홀의 벽면에 새겨있어, 이러한 풍조들이 신석기 초기에 인근 지역에 보편적으로 이루어지고 있었음을 가늠할 수 있다. 어떤 종교적 의례들과 공적인 일들이 시행된 것으로 보이는 공적 건물 벽면에(흰 점선 부분) 이러한 모습이 당당히 조각되어 있다는 것이 우리를 당황케 하는 것이다. 조금 더 구체적으로 살펴보면 거인 두상을 한 벌거벗은 남성이 자신의 성기를 잡고 있는데 양 옆에는 암 수 사자가 포효하며 달려드는 모습이고(그림 150-1),

그 왼편 또 다른 조각에는 황소 앞에 한 남성이 손에 무엇인가를 들고 황소를 유인하다 놀라서 펄쩍뛰는 듯한 모습을 하고 있는데 이 남성은 거인형 인간이 흔히 갖는 여섯 손가락을 가진 것으로 묘사되어 있다(그림 150). 맹수의 공격을 받으면서도 아랑곳 하지 않고 자신의 성기를 잡고 있는 남성은 카라한 테페의 한 제단 옆에 서있는 나체 남성처럼 그 부족의 조상일 수도 있고 또는 수렵채집 시기에 맹수들을 전혀 두려하지 않는 가장 힘센 사냥꾼이요 당대의 용맹한 지배자로서 위상을 과시하며 그가 생명을 퍼트리고 사회를 지배하는 자 임을 과시하듯 돌 벽에 양각으로 새겨놓게 한 것으로도 생각할 수 있다.

그 다음 수천 년이 지난 이야기이긴 하지만 남쪽 수메르의 지배자 길가메쉬가 누구도 대항할 수 없는 힘을 가진 우르크의 왕으로 묘사되면서 그는 모든 여성의 초야권을 가진 폭군으로 나타난 것도 같은 맥락으로 볼 수 있다. 이 테페에 그림이 조각되어 있는 홀은 낮은 벽면이 있는 열린 원형의 공간으로 수십 명이 들어갈 수 있는 장소로 대형 돌이 중간에 비석으로 세워졌고

그림 150

그림 150-1

그 아래는 제단과 우물 같은 큰 구덩이가 있어 당시 공동체가 종교적 또는 그 외 필요한 의식을 거행하는 장소였음을 보여주고 있다.

유명한 괴베클리 테페가 발굴되게 된 동기도 그 주위의 밭에서 일하던 농부가 어떤 남성의 상반신 모습이 담긴 석상(그림 151)을 발견하여 신고함으로 학계가 관심을 갖고 조사 발굴하며

그림 151

오늘날 세계를 놀라게 한 인류 최초의 산상 예배 장소 유적지를 찾아 낸 것인데 그 남성의 유물이 현재 우르파 박물관에 잘 전시되고 있다. 그 모습을 사진으로 보면 민망스럽고 좀 불경스러움을 느끼게 하지만 그 당시 사람들이 무엇을 소중히 여기고 추구하며 과시했는지 그들의 삶의 단면을 추측할 수 있는 단서를 제공한다.

하나님은 인간을 창조하신 후 생육하고 번성하라고 말씀하셨다. 그러나 한 남자와 한 여자와의 아름다운 가정 안에서 이루어지는 일로 말씀하신 것이다. 그러므로 초기 인류는 장수하여 수백 년을 살면서 많은 자녀를 낳고 살 수 있게 하신 것이다. 그러나 남자들이 죄로 타락하여 욕망대로 마음에 드는 모든 여성을 아내로 삼아 하나님의 창조의 거룩함을 저버렸고 육체적으로 타락하고 문란한 세상을 만들어 갔음으로 하나님의 노아 대홍수 심판이 결정된 것이었다.

　이상 살펴본바와 같이 근자의 메소포타미아 북부의 인류 초기 유적지들에서 발굴되고 있는 많은 유적 유물들은 그동안 베일에 감추어져 있던 초기 인류의 성적으로 왜곡되고 문란했던 여러 모습들을 보여주며 성경이 말하는 대홍수 이전 세계 초기 인류의 성적 타락의 내용들을 더욱 보충하여 설명하고 보여주는 것이다.

그림 152

그림 153. 구름에 덮힌 아라랏 산 대 봉우리와 그 아래 대 평원, 터키 동부, 촬영 김남철

w.bara7.org

그림 154. 아라랏 산 전경, 아르메니아 고원의 대 소 아라랏 봉우리, 이란북부, 촬영 김남철

성경n메소포타미아 유물관

그림 155. 노아 방주의 잔해가 암석으로 변한 자리로
주장되는 곳, 아라랏 산 줄기, 터키동부

4장
대홍수와 쿠라-아락세스 문화의
검은 토기들

1. 노아 대홍수의 현장: 아라랏 산(Ararat Mts.)

노아의 대 홍수가 일어난 후 방주는 아라랏 산(Ararat Mountains)에 정착했다. 노아는 방주에서 나와 하나님께 제사를 드렸고 하나님께서는 다시는 이러한 홍수의 대 심판은 없을 것이라며 약속의 무지개를 보여주셨다. 번성의 축복도 다시 주셨다. 그 뒤 노아는 이 지역에서 농사를 지으며 정착했다. 포도를 재배하다가 포도주로 취하여 실수를 보이기도 했다.

그런데 만약 이 산악지대가 어떤 이들의 주장처럼 홍수의 과정 속에 대격변으로 심하게 망가지거나 험하여졌다면 노아의 가족이나 방주에 있던 생물들이 방주에서 나와 바로 정착하고 번성해나가기 어려웠을 것이다. 하나님께서 배를 이곳에 머물게 하신 것은 이 지역이 대홍수 후에 인간과 동물들이 바로 살아가기에 가장 알맞는 조건을 갖추었기 때문일 것이다. 아마 하나님께서 그렇게 예비해 놓으셨다고 표현하는 것이 좋을 것이다. 메소포타미아 대 평원이 에덴 추방 후의 아담 자손을 위한 문명의 요람으로 준비되어 있었다면 아라랏 산과 그 아래의 평원은 대홍수 후 노아의 후손들이 이룰 인류의 회복을 위한 요람으로 준비되었다고 말 할 수 있다. 대 아라랏 산 봉우리는 해발 5137미터가 되는데도 불구하고 한쪽으로는 그 산세가 아주 완만하며 그 아래로 드넓은 초원이 준비되어 있어 산에서 내려 온 그들의 초기 정착에 최적지가 될 수 있는 곳이었다.

그림 156

그들은 방주에서 나온 후 하늘의 하나님께 정결한 짐승의 희생 제사를 드렸다. 그리고 그 산 위에서 거룩하시고 공의로우신 하나님의 음성을 들었다. 또한 다시는 홍수의 대 심판은 없을 것이라는 약속의 증표인 무지개도 보았다. 어쩌면 그들은 하나님을 만난 그곳, 그리고 방주가 머물러있던 성스러운 그곳을 쉽게 떠날 수가 없었을 것이다. 베드로처럼 초막 셋을 짓고 그곳에 머물러 있고 싶었을 것이다. 그러나 대홍수 후 찾아 온 계절의 변화와 추위는 해발 5천 미터가 넘어 지금도 만년설이 봉우리를 덮고 있는 산에서 그들을 내 몰았을 것이다.

다행히 산 아래에는 대 평원이 자리 잡고 있었다. 마치 병풍이 두르듯이 저 멀리 감싸고 있는 아라랕 산맥의 높은 산 위에서 1년 내내 흘러내리는 눈 녹은 물은 그 아래 평원을 촉촉이 적셔주었다. 그들은 그곳에서 번성하며 머무르고 사방으로 퍼지며 오래 살 수 있었다. 그래서 이란 북부 우르미예 대 호수에 이르기까지 고원 평야지대에는 신화 속의 아라타 왕국이 등장하고, 아라랏 산 주위를 흐르는 아락세스(아라스) 강과 코카서스 산 아래 평원의 쿠라 강 사이에서는 쿠라-아락세스 문화가 발생하기도 했다.

그림 157

아라랏 산 아래는 지금도 여전히 풍부한 물로 대 초원을 이루고 있으며 수많은 가축들이 방목되고 있다. 그 초원 한 곳에 자

그림 158

리 잡은 작은 마을에는 여전히 자신들이 노아의 후손이라고 주장하는 사람들이 살고 있고 큰 바위 돌 하나가 동네 길가에 우뚝 서있다. 저울 추 모양으로 생긴 검은색의 이 큰 바위 덩어리는 사람의 손으로 다듬어져 있고 머리 부분에는 밧줄 같은 것이 들어갈 수 있도록 큰 구멍이 나 있다 (그림 158). 누가 왜 언제 이곳에 이 큰 바위 추를 가져다 놓았는지 아라랏 산 외에 아무도 모른다. 아마도 노아 방주의 닻으로 사용되었던 것 같다고 알려져 있다.

노아의 가족들은 대 아라랏 산 아래의 드넓은 평원에서 매일 산을 올려다보며 하늘의 하나님과 대홍수의 사건을 회상하며 말하였을 것이다. 그 높은 봉우리는 년 중 많은 날들을 구름으로 가리고 있지만 간혹 그 봉우리가 드러날 때면 산 아래 사는 그

그림 159

140

들은 그 때를 생각하며 더욱 감격했을 것이다. 그들에게 대홍수 사건은 가장 흥분되고 떨리는 잊혀 질 수 없는 옛 이야기였다. 그리고 그 이야기는 마음 속 깊이 간직되고 후에 더 넓은 땅을 찾아 사방으로 흩어져 나간 그의 후손들에 의해 생생하게 후대에 계속 전해지고 많은 지역들에서 유사한 이야기들로 남게 된 것이다.

그림 160. 아라랄 주변 지역 토기 항아리들 ,Kar 박물관

만약에 이러한 대홍수의 심판과 신의 계시 그리고 방주와 구원받은 특별한 사람의 이야기가 고대 문명세계에 남아있지 않았다면 오히려 성경의 노아 이야기는 거짓이라고 말할 수 있을 뻔 했다. 왜냐하면 여러 사람이 함께 경험한 그렇게 크고 중요한 사건은 잊혀 질 수 없기 때문이다. 하지만 이것들이 오랜 시간 구전되는 과정 속에서 달라진 사회 환경과 자기들이 믿는 신들의 이야기로 변질되었고 파편 기록으로 남기 시작한 것도 오랜 시간이 지난 주전 이천 년 경부터이다. 수메르 설형문자가 보편화 되고도 수백여 년이 지난 후이다.

메소포타미아 사람들이 남긴 이야기들 중 성경보다 먼저 기록

그림 161 대영

그림 162. 대영

되고 많이 알려진 이야기가 바로 대홍수 심판 이야기이다. 이 이야기는 수메르 시대부터 단편들로 전해지다 아카드왕국과 함무라비 시대 그리고 앗시리아에서 신 바빌로니아 시대에 이르기까지 지우쑤드라, 아트라하시스(그림 161), 길가메쉬(그림 162)) 서사시들로 전해지고, 이어지고 다시 창작되며 고대 메소포타미아 세계의 신화와 문학의 정수를 이루게 되는 것이다. 고대 메소포타미아인들에게 있어 이것보다 확실하게 공감되고 수용되는 흥미로운 이야기는 없었던 것 같다. 그리고 이러한 전 지구적 대홍수 심판과 구원에 관한 이야기는 생존한 노아의 후손들에 의해 메소포타미아만이 아니라 이집트, 그리스, 인도, 중국 등 고대의 모든 문명세계가 함께 가지고 있는 이야기가 된 것이다.

그래서 신들에 의한 대홍수 그것도 한 지역만이 아니라 인류를 모두 심판하고 그 중 특별한 개인과 가족만이 신의 지시로 배를 만들어 구원받았다고 하는 분명한 공통점을 가진 홍수심판 이야기는 모세 이전 세계에 분명하게 남아있을 수 있었던 것이다. 그러나 그 이야기들은 변질 타락된 다양한 신관 속에서 오래 동안 변형 왜곡되어졌기 때문에 하나님께서는 모세를 통하여 하나님의 계시와 감동 속에 그 진실한 내용의 전후를 기록하여 세상에 바로 알리게 하신 것이다.

2. Ararat 이름의 기원과 Aratta 왕국

"Five mountain ranges,

　　six mountain ranges,

　　seven mountain ranges,

　　he crossed over,

lifted up the eyes,

　　he was approaching Aratta;

and joyfully he set foot

　　in Aratta's courtyard."

(In *the Epic of Enmerkar and the Lord of Aratta*, Thorkild Jacobsen)[58]

1) Ararat 이름의 기원[59]

　　대홍수 후 하나님께서는 그 말씀을 잘 순종한 노아의 가족과 동물들을 향해 마치 아담과 하와를 창조하신 후 말씀하신 것처럼 생육하고 번성하여 땅에 충만하라고 복을 주셨다. 아라랏 산 지역은 고원지역이고 산악지역이라 생존이 쉽지 않을 것처럼 보통 생각하지만 실제로 현장을 가보니 드넓은 평원에 산에서 녹아내린 물들이 평원을 흐르며 비옥한 땅을 만들어주는 아름다운 땅이었다. 노아는 홍수 후 이곳에서 농사를 지으며 포도를 재배하며 삶을 이어갔다. 아라랏 산은 방주가 머무르고 하나님의 영광이 나타나고 하나님께 제사를 드린 성스러운 산이었다.

그런데 그 산의 이름 '아라라트(Ararat)'라는 말은 누가 지었고 그 의미가 무엇인지 이제까지 거의 밝혀지지 않았다. 그 이름은 히브리어가 아닌 다른 언어에 기원을 두고 있지만 그것이 무엇인지 설명되지 못했다. 이 산의 이름을 모세가 히브리어로 지은 것이 아니라면 대홍수 후 처음 등장하는 이 산은 노아와 그 가족들에 의해 불리어졌을 것으로 추정할 수 있다. 성경적으

그림 163

로 볼 때 바벨탑 사건 전까지는 홍수전이나 후나 같은 언어를 사용했었다. 그리고 수메르어는 최초의 언어로 알려져 있다. 그런데 홍수 후 초기 수메르 신화 속에 수메르어로 '아라타'라는 말이 등장하고 그 지역이 현재의 아라랕 산 지역에서 가까운 것을 볼 때 아라라트 역시 수메르어에 기원을 두고 있다고 볼 수 있다. 그리고 바벨탑 이전 아라랕 지역에 있던 노아의 자손들 중 니므롯을 중심한 무리가 시날 땅에 도착했고 바벨과 에렉과

악갓에 도시 국가를 세운 것을 볼 때 그들의 언어와 수메르어 사이에 관계가 있을 수 있다고 생각할 수 있다. 롤(D. Rohl)은 세계적인 수메르어 학자인 크레이머(Samuel N. Kramer)와 앗시리아 학자 새그스 (Henry Saggs)를 인용하며 아라타와 수메르 사이에 공통적인 언어 종교 문화가 있었음을 말했다.[60]

그렇다면 노아의 자손들이 사용하던 언어로의 '아라랏'이란 이름이 수메르어에는 어떤 것들이 있는지 찾아보는 것도 흥미로운 연구가 될 것 같다. (그렇다면 수메르어에서 아라라트는 어떠한 의미를 가진 말로 불리어졌을까? 성경의 사건이 그 단어의 발생 과정을 설명해준다.) 성경에서 고대인들은 이름을 지을 때 어떠한 사건이나 특징 중요한 의미와 관련하여 이름을 짓는 경우가 많았다. 예를 들면 에덴(Eden)을 연상시키는 수메르어 에딘(Edin)은 넓은 초원과 물이 잘 흐르는 수로가 조화된 장소를 말하고, 흙으로 만들어진 최초 인간 아담(Adam)의 이름은 아다마(adamah:흙)와 관련되어 있고 '구스'(히, black)는 검은 피부에서 나온 이름이다.

그러면 방주가 머물렀던 그 산의 이름은 어떤 사건이나 중요한 의미와 연관되어 지어졌을까? 방주에서 나와 처음 아라라트 산에 선 노아의 가족들에게 있어 가장 놀라운 경험은 무엇이었을까? 그들은 방주에서 나와 그 산 위에서 먼저 하나님께 제사를 드렸다. 그랬더니 하나님께서 나타나시어 말씀해주셨다. 그러

나 하나님의 음성을 들은 것은 이 산에서만 경험하는 새로운 것
은 아니었다. 노아에게 있어 하나님을 만나고 그 음성을 듣는
사건은 전에도 있었다. 대홍수 전에 하나님께서는 노아에게 나
타나시어 대홍수 심판과 방주 건조에 대해 자세히 말씀해 주셨
었다.

그림 164. 비구름으로 덮힌 아라랏산 대봉우리와 주변 산들의 모습, 터키 동부, 촬영 김남철

 그러면 이들이 이 아라랏 산에서 처음으로 경험한 놀라운 사건은 무엇이었을까? 그것은 하나님께서 다시는 대홍수로 인간을 심판하시지 않겠다고 약속해주시며 보여주신 아름다운 무지개였다. 온 세상이 내려다보이는 대 아라랏의 정상에서 신의 음성과 함께 눈앞에 펼쳐지는 찬란하고 오색영롱한 영광스러운 하늘빛의 조화 앞에서 그들은 경이로움을 금할 수 없었을 것이다. 감옥 같이 어두운 방주 속에 있은 지 1년여의 시간이 지나 드높은 성산 위에서 대홍수 후의 변화된 세상을 바라보며 눈앞에 전개된 그 영광스러운 하늘의 무지개는 그들의 눈과 마음을 사로잡기에 충분했을 것이다. 더구나 그 속에는 하나님의 말씀과 약속이 담겨있었기 때문에 더더욱 그리했을 것이다.

 그리고 산에서 내려와 그 아래 드넓은 초원에 정책했던 노아의 가족들은 종종 비구름에 덮혀 있는 거대한 아라랏 산의 무지개를 보면서 다시 방주와 하나님 사건을 회상하곤 했을 것이다. 아라랏 산에서 그들이 경험한 최고의 사건은 창조주 하나님께서 특별히 만들어 보여주신 빛의 축제였다. 필자는 안개비 내리는 이 주변의 높은 산악지대를 지나면서 차창 밖으로 펼쳐지는 무지개와 30여분을 함께한 경험이 있었다. 고도 2-5천 미터의 산들 사이에 더 이상 깨끗할 수 없는 호수가 펼쳐져있고 계곡에는 수정같이 맑은 물이 흘러내리고 그 위로 산과 산 사이에 걸쳐있는 거대한 무지개의 아름다움은 그야말로 꿈과 같은 경험이었다.

빛의 산 아라랕! 한 줄기의 빛이 아니고 여러 색깔의 빛 빛 빛들로 찬란한 영광을 나타내 주었던 노아 방주의 산!! 내가 만약 노아라면 그 산을 무엇이라고 불렀을까? 더 이상 말할 필요가 없다. 그 산은 빛의 산이다 그것도 단순한 빛이 아니고 영광스런 빛들로 가득한 찬란한 산이다. 그렇다. 노아의 후손들도 나와 같은 생각이었나 보다. 그들은 그 산을 '찬란한 빛의 영광스러운 산' 또는 '영광의 빛으로 찬란한 산'으로 불렀으니 그 이름이 곧 '아라랕' 이다.

수메르어에서 '아르(Ar) 또는 아라(Ara)'는 'praise, glory', 'to praise, to glory', 'to shine, to blaze'를 의미한다.[61] 그런데 이 말이 반복되어 사용되면 그 의미가 강조되거나 상위의 개념을 말해준다. 예를 들면 '아다(ada/ad-da)'는 '아버지'이다.[62] 그런데 'ad(a)-ad-da'가 되면 'father + father + genitive'가 되어 '할아버지'가 된다.[63] 마찬가지로 아라랕(Ar-ara-t)은 'Ar', 'Ara'의 영광스러움과 빛이 비춘다는 의미가 반복되면서 강조되고 합성되어 일반적인 빛의 비침보다 더 영광스럽고 찬란한 상위 개념의 빛으로 만들어진 것이다. 후대의 우가릳어에서는 'Ar'나 'Ur'가 빛이었고 아카드어에서는 'Urru'가 빛이었다.[64] 히브리어에서 '오르(Or)'가 빛인 것도 수메르어나 아카드어 및 우가릳어가 관계있는 것으로 보인다.

2) Aratta 왕국

대홍수 후 하나님께서는 노아의 가족과 동물들을 향해 생육 번성하고 땅에 충만하라고 복을 주셨다. 그리고 노아 후손들의 대단히 빠른 번성과 인구의 증가는 아라랕의 대 초원을 좁게 만 들었으니 그들은 활동 영역을 그 사방으로 넓히어 가게 된다. 대체로 서쪽과 북쪽으로는 야벳의 후예들의 이동을 통해 유럽인 들이, 서남쪽 아래로는 함의 후예들을 통해 가나안과 아프리가 인들이 서남쪽과 동쪽으로는 셈의 후예들의 주된 무리가 이동하 여 대략 아시아 계열을 이룬 것으로 보인다. 그 중에는 아마 북

부 메소포타미아 에덴지역 다시 말해 요즘 발굴되는 신석기 초기의 지역들에서 유프라테스와 티그리스 강 을 따라 홍수 이전의 남쪽 수메르 땅을 찾아 내려간 이들도 있었을 것이다. 수메르의 왕명록(그림 165)에는 분명히 대홍수 전의 도시들과 대홍수 이후에 다시 세 워진 도시 왕국들의 이름이 거명되고 있다.

그림 165

하지만 그들의 이동과 정착 과성에서 그리고 후에 나타난 전 쟁과 정복의 사건들을 통해 그 후손들이 뒤 섞여 사는 경우들도 많이 있었을 것이다. 그리고 여전히 신성한 지역 아라랕과 그 주변 지역에 남아 조상 노아를 중심으로 초기의 공동체를 이루 어 나간 사람들도 있었을 것이다. 그들은 어쩌면 노아와 그 신 앙적 계보를 계속 이어나갈 셈의 후손들이 중심이 되었을 가능

성이 있다. 이유는 노아가 자녀들을 위해 빈 기도문에 '셈의 하나님 여호와'를 말하므로 세 아들 중에서 셈이 영적인 승계와 축복을 누리게 됨을 나타내었었기 때문이다. 이러한 판단은 수메르 신화 속에 나오는 이 지역의 Aratta 왕국의 사람들은 아주 경건한 율법의 사람들이라는 칭호에서 유추가 가능하다. 반면 아라랏 지역을 떠나 시날 땅에 도착한 무리들은 니므롯을 중심한 함 즉 구스의 자손들이 주도적 역할을 했다고 성경은 말한다.

그림 167

"그(니므롯)의 나라는 시날 땅의 바벨과 에렉과 악갓과 갈레에서 시작되었으며 그가 그 땅에서 앗수르로 나아가 니느웨와 르호보딜과 갈라와 및 니느웨와 갈라 사이의 레센을 건설하였으니 이는 큰 성읍이라"(창10:10-12)

후의 일이지만 이곳과 가장 가까운 반호수 주변이나 남쪽 티그리스 강 상류에서 발견된 대홍수 이후 메소포타미아 문명의 주요 유적지들은 대부분 셈 후손들의 것이다. 특히 앗수루(Asshur)는 셈의 둘째 아들이며 그의 후손들이 이룬 나라가 메소포타미아 북부의 앗수루 곧 앗시리아(Assyria) 제국이요 그 수도 중의 하나가 아슈르(Ashur)였고 그들이 믿던 최고의 신도 아슈르(Ashur)였다.

그림 168. 아슈르 유적지, 베를린 박물관

이제까지 발굴되고 해석된 수메르의 비문 중에서 가장 오래된 고대 왕국 Aratta와 관련 된 내용이 '엔메르카르와 아라타의 주'(그림 167)라는 제목의 이야기에 나온다. 엔메르카르 는 대홍수 이후 한동안 수메르 최대의 도시 왕국을 이루었던 우르크(니므롯의 도시 에렉) 의 제 2대 왕이었다. 그의 이름이 수메르 왕명 록에 나오고 있다. 이 비문에서 왕 엔메르카르 는 자기 도시를 지켜 줄 새로운 여신 인안나

그림 169 아슈르 신

를 위한 신전을 짓기 위해 북쪽 왕국 아라타 왕에게 사신을 보 내고 신전 건축에 필요한 각종 보석과 귀한 재료들을 보낼 것을 요구한다. 그러나 남쪽 우르크에서 북쪽으로 7개의 산맥을 넘어 힘겹게 도착한 사신들의 제의를 아라타 왕은 선뜻 받아들이지 않아 두 왕국 사이에 벌어지는 여러 정황들에 대한 묘사가 이 비문 속에 담겨있다.

"Five mountain ranges, six mountain ranges, seven mountain ranges / he crossed over, lifted up the eyes, he was approaching Aratta; and joyfully he set foot in Aratta's courtyard." (in the Epic of Enmerkar and the Lord of Aratta, lines 156-497 사이, Thorkild Jacobsen / The Context of Scripture, V1,William W. Hallo, Brill, 2003))

그런데 흥미있는 것은 우르크와 엔메르카르가 역사 속에 실재

한 왕국과 왕이었던 것처럼 아라타 역시 역사 속에 실재한 나라였다는 것이다. 그리고 데이비드 롤(David M. Rohl)은 한 걸음 더 나아가, 편지 내용의 여러 정황들에서 발견되는 언어나 종교 문화에 공통점들이 있다는 수메르 학자 샤무엘 크레이머의 해석을 인용하면서, 수메르의 우르크 왕국을 세운 이들이 북쪽의 아라타에서 내려왔을 가능성이 크다고 했다.[65]

그렇다면 그들은 누구이며 왜 남쪽 수메르로 내려 왔을까? 그 답의 힌트는 수메르 서서시에서 찾아 볼 수 있다. 수메르의 대홍수 서서시에서 배로 구조된 지우쑤드라의 고향은 본래 수메르의 도시 '슈르파크(Shurpark)'였던 것이다. 그리고 뒤에서 다루겠지만 노아의 자손 중 구스(Black)의 아들인 니므롯이 중심이 된 많은 이들이 검은 토기를 쓰며 서쪽으로 이동해 간 것이 고고학 유물을 통해 확인되었고 그들이 다시 서쪽 에덴의 지역을 거쳐 아마도 유프라테스 강을 따라 동남쪽으로 내려가 시날 땅 곧 수메르 평원에 도달하였고 그곳에 바벨과 에렉과 악갓을 세운 것이었다고 판단할 수 있다(창 10:10, 11:2 참고)

그러므로 결과적으로 대홍수에서 살아남은 이의 후손들이 방주가 도착한 북쪽 산악지대에서 남쪽 평야지대로 이동한 것이 된다. 그리고 셈의 후예들도 이 지역으로 이동하였으니 대홍수 후 셈의 장자 엘람의 후손들은 수메르 남동부에 발달한 문명왕국 엘람을 세웠으며 역시 셈의 후예 아브라함은 그 친척들과 함께 수메르 문명의 중심 도시인 우르에서 살았다. 이것은 크레이머가 말한대로 수메르 문명 1기 후반에 수메르 땅에 유입되고 융합된 셈족들이라고 볼 수 있다. 그래서 남쪽으로 이주한 사람들인 메소포타미아인들에게 있어서 노아의 배가 정착하고 하나님을 만났던 북쪽의 아라랏의 땅은 신성하고 고귀한 땅으로 불리어질 수 있었던 것이다.

실제로 엔메르카르와 아라타의 지배자 비문 속에서 남쪽 우르

그림 170

크 왕은 북쪽 아라타 왕국의 땅을 '위대하고 성스러운 법률의 땅' 또는 '거룩하고 성스러운 법률의 땅'으로 표현하고 있다. 그리고 그 곳 사람들을 '순결하고 성스러운 법률의 고원의 사람들'이라고 부르고 있으니66) 이것은 분명 북쪽의 아라랏 산지에서 하나님의 약속과 말씀을 믿고 순종하여 대홍수에서 구원을 받고 그 율법대로 살려고 노력하는 고원지대의 경건한 노아의 가족과 그 후손들을 연상시키는 분구로 볼 수 있다. 그리고 그 바빌로니아의 '아트라하시스' 홍수 서사시에서도 '아트라하시스'는 '대단히 현명한 사람'의 뜻을 가지고 있어67) 신의 말을 따라 멸망에서 구원받고 대홍수도 견딜 수 있는 굉장한 방주를 만들 수 있었던 이는 대단히 현명한 사람으로서 마치 성경이 말해주는 의인 노아의 모습을 보여주는 것 같다.

따라서 아라타(Aratta) 왕국의 이름 역시 '아라라트(Ararat)'라는 방주가 머문 산과 관계가 있음을 알 수 있다. 고대 언어의 발음에 있어 시대와 지역에 따라 종종 변화와 차이가 나타난다. 예를 들면 수메르어 '아'는 아카드어에서 간혹 '우'로 변한다. 수메르어 가수(singer) 'gala'는 아카드어 'kalu'가 된다.[68) 그리고 수메르어에서 빛의 의미인 Ar(a)는 아카드어에서 Urru로 변이 되었다.[69) 이와같이 '아라타'라는 말이 동시대에 사용되기도 한 아카드어에서는 '우라르트(Urartu)'로 변한 것으로 보이니 수메르어 '아라타'는 후에 아카드어에서 파생된 앗시리아 비문에서 '우라르트'로 표현되었다.

수메르 비문에 등장하는 아라타(Arata) 왕국은 아라랕(Ararat) 산 인근 지역이다. 아라타 왕국은 아라라트 산맥을 끼고 그 주변과 이란의 북부 우르미예 호수와 그 평야 및 터키의 반 호수 사이의 드넓은 땅을 배경으로 실존했던 고대 왕국이었다.

그림 171

그림 172

　길가메쉬 서사시에서 주인공 길가메쉬가 7 산맥을 넘어 찾아
간 딜문 곧 대홍수의 심판에서 신의 도움으로 구원받고 영생을
누리던 우트나피쉬팀이 살던 신들의 땅 딜문도 바로 이 아라타
왕국이 있던 지역으로 데이비드 롤에 의해 주장되고 있는 것이
다. 그리고 주전 8세기 전후의 우라르트 왕국은 옛 아라타 왕국
의 영광을 재현하며(그림 171) 반 호수 옆의 가파른 암벽 산에
거대한 성채를 짓고(그림 172-3) 많은 설형문자 비문들을 남겼
으며, 아라랕 지역에서 옛 에덴의 땅이었던 오늘의 엘라지까지

그림 173. 우라르투 왕국의 도성, 8c BC, 반 호수가, 터키 동부

155

그림 174 반 박물관

지배하며 옛 에덴의 땅이 조망되는 산성에 웅장한 성채를(그림 175) 세웠으니 지금도 중요한 역사 유적지로서 사람들의 발걸음을 끌어 들이고 있다. 또한 그들이 쓰던 모자에는 생명나무와 그 나무를 지키는 신수가 새겨져 있어 에덴에서 노아 후손, 아라타 그리고 우라르트에 이르는 연결 고리를 살펴볼 수 있다(그림 174).

성경은 실제로 대홍수 후 살아남은 노아와 그 후손들이 처음에 아라랕 지역에서 살았음을 말해 주고 있다. 노아는 대홍수 후 농사를 시작하여 포도나무를 심었

그림 175. 아라타 왕국의 후신(?) 우라르투 왕국의 성채, 8c BC, 에덴의 땅 엘라지, 터키 동부

156

고 그 열매를 거두어 포도주까지 만들어 마신 것으로 기록하고 있다. 그리고 이제까지의 발견으로는 포도주의 침전물이 토기 속에서 처음 나타난 곳이 이 인근 지역이기도 하다. 인류 문명 초기의 가장 오래된 수메르 서사시 속에 등장하는 '거룩하고 성스러운 법률의 땅'과 그곳에 있던 '아라타 왕국' 그리고 그곳에 살던 '순결하고 성스러운 법률의 고원의 사람들'은 바로 대홍수 후 그 곳 아라랏 산지(Ararat Mountains)에서 하나님을 만나고 성스러운 약속과 말씀을 받았던 그리고 그곳에 잔류하며 그 땅을 지키던 노아의 후손들을 지칭하는 것이라고 말할 수 있다.

그래서 Ar, ara가 합쳐진 아라랏(Ar-ara-t) 산 아래 살던 사람들은 자연히 Ar의 사람들로 불리고 후에 이 지역을 포함하여 폭넓게 세워진 왕국은 Aratta라 불리웠으니 Aratta는 Ar+atta로 atta는 adda 즉 '아버지, 조상'이라는 의미가 있다.[70] 수메르 고대어에서 d와 t는 혼용되어 사용되기도 했으니 din은 생명의 의미가 있는데[71] tin도 생명의 의미를 갖는다.[72] 다시 말해 Aratta는 Ar의 아버지(조상)가 세운 왕국이라는 의미가 있는 것이다[73]. 서사시에서 Aratta 왕국의 사람들을 '율법의 사람들, 아주 경건한 사람들'이라고 말한 칭호는 오직 하나님의 말씀을 그대로 믿고 배를 만들고 살아남은 지나칠 정도로 경건한 신앙의 사람들인 노아와 그 자손들에 대한 의미와 일치되는 것을 볼 수 있다.

3. 창세기 9-11장 사이에 생략된 큰 사건

성경은 창세기 9장에서 노아 대홍수 후에 노아의 배가 아라랏 산에 도달하여 그 곳에 머물렀다고 했다. 그리고 노아와 그 가족은 배에서 나와 그 지역에서 농사를 지으며 포도나무를 재배하고 새로운 삶을 시작했다고 설명한다. 그리고 10장에는 노아의 자손들에 대한 족보가 기록되어 있다. 그런데 11장에서 바벨탑 사건을 설명하며 탑을 건축한 이들이 동쪽으로 이동하다가 시날 평지를 만나 거기 정착하며 거대한 탑을 쌓기 시작했다고 한글 개역성경은 설명한다. 그러나 성경은 9장 대홍수 후의 먼 북동쪽 아라랏 산과 11장의 머나먼 남서쪽 시날 땅 사이 다시 말해 대홍수에서 바벨탑에 이르는 그 중간과정에 대해 별 다른 설명이 없기에 우리가 간과하기 쉬운 빠진 고리이다.

그러나 이것은 인류 문명사에서 밝혀져야 할 대단히 중요한 사건과 연계될 수도 있다. 왜냐하면 인류 최초의 문명으로 일컬어지는 수메르 문명과 관련될 수 있기 때문이다. 아직까지도 그 대단했던 수메르 문명을 일으킨 장본인들이 누구인지 잘 모른다. 다만 그들은 북쪽에서 내려온 사람들이요 검은 머리의 사람들로 알려져 있는데 그 북쪽에 있던 사람들은 누구인지 그리고 그들은 자신들을 왜 검은머리의 사람들이라고 불렀는지 명확히 풀리지 않는 과제이기 때문이다. 이것에 대한 내용은 뒤에서 다루게 될 것이다 그런데 창세기 11:2절에서 시날 땅에 와서 바벨탑을 세운 사람들에 대한 설명에서 방향을 나타내는 단어 동쪽:미케뎀(מִקֶּדֶם)의 번역에 2가지 해석이 있다. 칠십인 역과 벌게이트 역본 그리고 킹제임스 등의 재 역본들에서는 '동쪽으로부터의 이동: journeyed from the east(KJV)'을 말하는 반면 다른 많은 번역본들은 '동쪽으로의 이동: moved eastward(NIV)'으로 표기하고 있다. 그렇다면 이 문제를 어떻게 설명할 것인가? 성경은 불확실 한가? 아니다. 성경은 두 가지 번역이 다 맞는 절묘한 기록으로 나타났으니 놀랍다.

사실 아라랏 산은 시날 지역보다 멀리 북동쪽에 있다. 그러니 '동쪽으로부터 이동하여 시날 땅에 도달하였다'는 말과 '동쪽으로 이동하여 시날 땅에 도달하였다'는 말은 상당히 다른 것처럼 보인다. 전자는 시날 땅의 동쪽으로부터 왔고 후자는 시날 땅의 서쪽으로부터 동쪽으로 왔으니 두 번역의 차이가 엄청나게 커 보이기 때문이다.

그러나 근자에 발굴되고 전시된 5천 년 전의 토기들이 그 문제를 말끔히 해결해 줄 수 있다는 것은 놀랍게도 감사한 일이다. 터키 최 동부의 아라랏 산에 머물렀던 노아의 자손들이 어떻게 저 멀리 남동쪽의 시날 땅으로 갔는지 그 대단한 이동의 과정과 전모가 고고학자들에 의해 발굴된 토기들과 관련하여 밝혀지게 되었기 때문이다.

4. 쿠라-아락세스 문화의 검은 토기 이동과 발굴

시날 땅의 동쪽으로부터의 이동이냐 시날 땅의 서쪽에서 동쪽으로의 이동이냐를 다 함께 풀어줄 수 있는 답은 쿠라-아락세스 문화의 검은 토기들과 그 이동이다. 1차적으로는 먼 동쪽 아라랏 산으로부터의 이동이 있었으니 그들이 서쪽으로 멀리 이동하여 엘라즈와 말라티야 주변의 유프라테스 강가에 도착하여 머물렀으며 어떤 이유에서인지 그들은 다시 2차로 동쪽으로 이동하여 시날 땅에 도달하여 정착하게 되었다는 것이다.[74] 이러한 이동 경로는 발굴된 고고학 유물인 흑색 토기들을 통해 분명히 밝혀졌으니 감사한 일이다. 그렇다면 그들은 왜 고대인들이 선호하던 해 뜨는 동쪽이나 따뜻한 남쪽이 아니고 먼저 서쪽을 향해 산악 고원지대를 통과하는 험한 길을 갔을까? 그 중요한 이유에 대해서는 뒤에서 말하게 될 것이다.

그림 176

열악한 환경 속에서도 땀 흘린 노력의 댓가로 역사의 진실을 밝혀주고 있는 고고학자들께 감사를 표하고 싶다. 놀랍게도 최근의 터키 동부 지역에서 발굴된 고고학 유물들은 수 천 년 전 어떤 큰 무리들이 동쪽 아라랏 지역에서 서쪽으로 이동해 온 흔적들을 세상에 알려주었다. 이 유물들은 검은 색의

160

크고 작은 토기들이다. 터키 동부의 엘라즈 지역을 감싸고 흐르는 유프라테스 강가에서는 전에 보지 못한 새로운 토기들이 많이 출토되었으니 그 특징은 검은 색을 칠하거나 검게 구운 많은 토기들이었다. 그리고 그들이 함께 사용했던 유물들 중에는 동쪽 아라랏 산 주변에서 출토되는 흑요석의 도구들이 있었다. 그래서 고고학자들의 계속된 발굴과 연구는 아라랏 산 지역의 강가 평원에서 같은 류의 검은 토기들이 청동기 시작 즈음 등장하기를 시작하여 퍼져나갔고 그 중 많은 수의 검은 토기들이 서쪽으로 서쪽으로 이동하다가 엘라즈 주변 강가에 집중적으로 모여 살았던 흔적들을 찾은 것이었다.

이 유물들은 현재 말라티야의 박물관에 잘 전시되어 있다. 그리고 이 유물들은 가나안 땅으로 내려가기도 했다. 학자들은 이러한 검은 토기들이 왜 갑자기 아라랏 지역에서 그 시기에 발생하였는지는 아직 모른다고 했다. 그리고 그것을 사용하던 이들의 큰 무리가 서쪽으로 이동하여 엘라즈 주변의 유프라테스 강가에 집중하여 모였는지 그 이유에 대해서도 알 수 없다고 했다. 그렇다 우리는 유물들만으로 모든 것을 다 정확히 알 수 없다. 그러나 하나님의 계시의 책인 성경의 내용을 비추어 보면 인류 역사의 희미하고 애매한 것들이 밝히 드러나는 경우들이 많이 있다.

성경에 검다는 단어가 처음 사용된 인물이 있었으니 그 이름이 구스 이다. 구스(כוש)는 히브리어로 Black의 의미를 갖는다.75) 우리는 구스의 시작을 노아 홍수로 거슬러 올라가 볼 수 있다. 노아의 배에 승선했던 그 아들 함은 홍수 이후에 장자를 낳았으니 그가 구스였다. 그러니 구스는 그 시작이 터키 동부아라랏 산 지역이었다. 그리고 시대적으로는 청동기 초기였다. 함의 아들 구스는 함의 장자로 아라랏 산 지역에서 태어나 그곳에서 자랐다. 그의 아버지 함은 노아의 포도주 사건에서 아버지를 수치스럽게 만들었으므로 저주를 받은 인물이었다.

성경에서는 이름을 지을 때 그 특징을 가지고 짓는 경우들이종종 있다. 사라가 노년에 아들을 갖게 될 것이라는 천사의 말을 듣고 웃었던 사건에서(창18:9-15) 그 아들의 이름이 이삭이되었고 '이삭'(יצחק:Yitschaq)이란 단어의 원형은 Tsachaq; Lau - ghter에서 나왔다.76) 그리고 이삭의 쌍둥이 아들 중 장자 '에서'의 이름은 그 피부가 "붉고 전신이 털옷 같아서 이름을 에서라" 하였다(창25:25). Esau(עשו)라는 단어는 rough의 의미를 가지고 있다.77) 그러면 함은 왜 아들을 낳고 그 이름을 '검다'는 의미의 '구스'로 불렀을까? 아마도 그의 피부가 검어서 그랬을것이라고 합리적 판단을 할 수 있다. 인류 최초의 수메르어에서도 '쿠'(ku)는 검다는 의미를 가지고 있다.78) 그리고 후에 구스가 낳은 자녀들 중에는 '반항자, 난폭자'라는 의미를 가진 '니므롯'(Nimrod)도 있었으니 그는 힘센 사냥꾼으로 그 시대에 널리 알려진 자요 전쟁에 능해 수메르 지역의 바벨론, 아카드, 에렉

(우르크)에서부터 북부 메소포타미아의 니느웨 지역까지 다스린 자로도 묘사되고 있다.

　여기서 우리는 함과 그 아들 구스의 가계에 흐르는 어떤 경향, 곧 공격적이며 신체적 힘의 우월함을 지닌 인자(DNA)를 엿볼 수 있다. 그래서 성경은 노아 홍수 이후 바벨탑의 시기에 가장 힘 있는 세력으로 구스의 아들 니므롯의 세계를 설명하고 있는 것이다. 다시 말해 구스의 자손들은 그 당시 메소포타미아 전역에서 가장 힘이 센 주도적 혈통이었음을 말해주고 있는 것이며 구스의 아들 니므롯이 메소포타미아 남부 수메르와 북부 니느웨 주변 지역까지 세력을 뻗친 것은 위에서 여러 학자들의 주장한 것처럼 구스인(Cushian)이 이란 북부의 쿠쉬(Qusheh) 지역이나 북부 메소포타미아의 카시트인(Kastian) 또는 흑해 연안의 코카시안(Caucasian)과 무관하지 않음을 알 수 있다. 이것은 토기를 통해서도 설명되니 이 지역들에 분포된 검은 빛깔의 토기들이 구스의 고향인 아라랏 산 주변의 검은 토기와 같음을 볼 때 그렇다. 이와 같이 구스의 자손과 니므롯에 관련된 이야기들은 아라랏 산 인근 지역과 메소포타미아 전역에서 찾아 볼 수 있는 것이다.

　반 호수 옆에는 화산의 분출로 생성된 거대한 분화구의 높은 산 니므롯(Mt. Nemrut)이 있다. 해발 2950m 높이의 이 웅장한 산의 정상에는 대단한 크기의 분화구(caldera)가 있는데 타원형

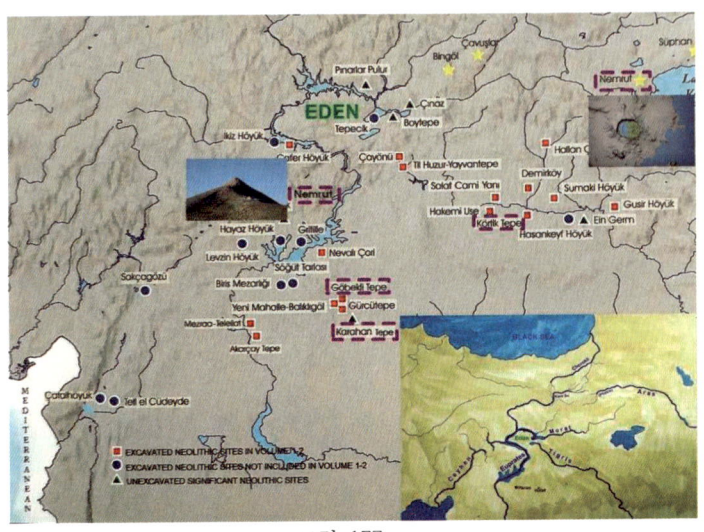
그림 177

바닥의 크기가 27X18km에 이른다. 정상에서 분화구 호수면까지의 절벽이 600m에 이르는 부분도 있다. 터키에서 제일 크고 세계에서는 여섯 번째로 큰 곳이다. 그 안에는 거대한 분화구 호수들이 있다. 그런데 이 산의 이름이 '니므롯'(Nemrut/ Nemurt, Kurdish: Nemrude)이다. 니므롯(King Nimrod)은 터키인들에게 전설적 인물이다. 그들이 가진 이야기들 중에 니므롯은 주전 2100년경 이 지역을 다스렸으며 그 웅장한 산 정상 부분에 왕궁과 성을 짓고 살았기 때문에 이 산의 이름이 니므롯이 되었다는 것이다.[79]

그런데 이 말이 성경적으로 전혀 근거가 없어 보이지는 않는다. 왜냐하면 성경에 니므롯은 구스의 아들로 본래 이곳에서 멀지 않은 지역에서 태어나고 살았으며 대홍수 후 세상의 처음 영걸이요 뛰어난 사냥꾼이 되었다고 말하고 있으니 이 지역에 그에 관한 이야기들이 남아 있는 것이 당연할 것이다. 그리고 그는 후에 뛰어난 힘과 지략으로 바벨론을 위시한 메소포타미아 남부의 도시들에서부터 이곳 니므롯(Nemrut) 산에서 멀지 않은 북부 티그리스 강변의 니느웨까지 정복하고 그의 나라를 세웠다고 했으니 동부 터키인들에게 전승된 니므롯의 이야기들이 성경의 내용과 상당히 맥을 같이 함을 알 수 있다.

또한 이곳에서 서쪽으로 이동하면 본서가 말하는 에덴 지역의 바로 남쪽 산맥 높은 곳에 또 다른 니므롯 산(Mt. Nemrut)이 있다. 말라티아(Malatya)와 카타(Kahta) 사이에 있는 이 산은 해발 2150m에 이르며 그 정상에는 주전 64-38년 사이에 이 지역에 있던 콤마게네(Commagene) 왕국의 왕이었던 안티오쿠스(Antiochus) 1세의 대형 무덤이 있다. 그 봉분의 바닥 지름이 152m, 높이가 무려 50m(본래는 60m)나 되는, 작은 돌들로 쌓인 거대한 원추형 무덤으로[80] 산 아래 멀리서도 그 모습이 보일 정도이다. 그 무덤 동, 서, 북쪽에는 거대한 테라스들이 있으며 동과 서의 테라스에는 파손된 헬라와 페르시아 신들의 석상들이 있고 그 사이에 안티오쿠스의 석상도 있어 그가 신들의 세계에 들어가 신처럼 숭배 받는 형태를 갖추고 있다. 아마도 그는 당시 전설적 영웅이며 지배자였던 니므롯같이 추앙받고 역사에 길이 남고 싶은 마음으로 이렇게 했는지도 모른다. 이 니므롯 산의 북쪽 지역에는 에덴동산이 있었고 산의 남쪽 아래로는 유프라테스 강과 고대 앗시리아인들이 말하는 에덴 족속이 살던 땅이 하란의 대평원과 함께 멀리 내려다보이는 곳이다(이사야 37:12).

그런데 여기서 남쪽으로 내려와 처음 만나는 메소포타미아의 대평원 지역에 고대로부터 자리한 도시가 하나 있다. 주전 2500년 경 후리족에 의해 시작 되었다고 전해지는 고대 도시 우르파(Urfa, Sanliurfa)이다. 이 도시는 선지자의 도시라고도 불리어지는데 성경에 나오는 아브라함이 출생하고 자란 도시로 터키인들은 믿고 있다. 그리고 아브라함의 출생과 활동에 관련된 동굴과 연못이 있어 신성한 유적지로 숭배되고 있다. 그런데 여기 아브라함과 관련된 전설 중에는 니므롯에 관련된 이야기들도 남아 있다. 니므롯이 이 도시의 건설자요 아브라함의 동굴 위쪽 높은 언덕에 자리한 웅장한 성채가 바로 니므롯의 왕좌였다고

그림 178.. 님로드 산의 정상 봉분, 해발 2150m　그림 179. 님로드 산의 안티오쿠스 봉분 동쪽 테라
터키

전해 내려온다. 후에 이 곳을 점령한 알렉산더 대왕은 이 지역을 '에뎃사'(Edessa) 라고 명명했다.(이곳은 고대 마케도니아의 수도였고 네스토리우스;경교가 번성하였으며 시리아 성경과 문학의 발생지이기도 하다). 성경의 아브라함이나 니므롯 모두 주전 2000년에서 3000년 사이의 인물들로 이와 같이 성경과 같은 시대의 이 지역에 구스의 아들 니므롯에 관한 전설이 성경 밖의 자료로 내려온다는 것이 흥미롭다.

창세기 10장은 노아의 세 아들 야벳, 함, 셈의 족보를 다루면서 그 자손들이 누구며 그들이 대략 어느 곳에 정착해 나갔는지를 말해주고 있다. 그런데 그것을 큰 그림으로 보면 노아 세 아들의 후손들 중 큰 무리가 터키 동부 아라랏 산 지역에서 서쪽으로 이동하여 메소포타미아와 아나톨리아가 만나는 가나안의 최상부, 지중해 동북 연안까지의 지역으로 이주하였다. 그리고 후에 야벳의 후예들은 더 서쪽 유럽대륙 방향으로 옮기며 바닷가의 땅에 머물렀고(창10:5), 셈의 후손들은 중동과 동쪽 땅으로, 함의 자녀 구스의 형제인 가나안은 팔레스틴 가나안 땅에,

그림 180. 니므롯 왕좌의 성채

그림 181. 아브라함 동굴 사원

미스라임과 붓은 점점 더 아래로 내려가 아프리카로 들어가 이집트와 리비아 등의 지역에 정착했다. 그러면 함의 자손 중 장자인 구스의 후손들은 주로 어디에 머물렀는가?

성경은 창세기 10장에서 구스의 아들 니므롯이 지배한 나라가 남부 메소포타미아의 바벨(론)에서 에렉(우르크)과 악갓(아카드) 그리고 북부까지 나아가 티그리스 강의 상류 지역인 니느웨와 갈라(님로드) 및 큰 성 레셉에까지 이르렀다고 말하고 있다. 그리고 성경은 다음 장인 11장에서 바벨탑 사건에 대해 연결하여 설명한다. 이에 대해 요세푸스를 비롯한 많은 학자들은 구스의 아들인 니므롯이 바벨탑을 쌓은 주동 인물일 것이라는데 동의하고 있다. 그런데 창세기 11장 서두에서 그들이 동방으로 옮기다가 시날 평지를 만나 거기 거류하며 바벨탑을 쌓기 시작했다고 했다. 그렇다면 그들이 동쪽으로 이동하여 바벨탑을 쌓기 전 본래 있던 지역은 바벨론에서부터 서쪽의 땅 어디에 있었던 것이다.

그러면 그들이 대홍수 후 터키의 북동부 아라랏 산 지역으로부터 서쪽으로 멀리 이동하여 1차적으로 머무른 본래 있던 땅은 바벨론보다도 서쪽에 있던 지역 어느 곳이었다. 지도를 통해 보면 그곳은 가나안의 중부이거나 북부 지역이 된다. 그런데 이때는 대홍수 후, 시기적으로 아직 가나안 정착 이전이요 바벨탑으로 인한 인구 분산 이전이니 가나안 북부 지역이 된다. 이 문제에 대해 창세기 10장은 우리에게 힌트를 준다. 셈의 4대 손 에벨은 두 아들이 있었는데 그 중 하나의 이름을 벨렉이라 하였으니 그 때에 세상이 나뉘었음이라고 성경은 말한다(창 10: 25). 대부분의 학자들은 이때가 바로 바벨탑 사건으로 사람들이 세상으로 흩어진 것을 말한다고 한다.

그렇다면 바벨탑 사건 전 그들은 가나안 북쪽 에블라 왕국과 멀지 않은 곳에 모여 살았음을 시사해 준다. 에블라 왕국은 셈의 후손 중 대표적 인물이었던(창 10:21) 에벨(Eber)의 자손들이 이룬 왕국으로 보이며, 히브리어 에베르(עבר)의

그림 182. 에블라 왕궁 터, 시리아 북부

어원은 abar (region beyond)이고[81] Hebrews라는 이름의 시조로 말해진다.[82] 그리고 이 지역은 서쪽으로는 아나톨리아와 그리스를 경유하여 유럽으로 갈 수 있고, 남쪽으로는 가나안 땅과 아프리카로, 동쪽으로는 유프라테스 강을 끼고 있어 강을 따라 시날(수메르) 땅으로 이동하기에 편리한 곳이다.

고대인들에게 가장 좋은 이동 경로는 강이었다. 물과 양식과 짐승들과 생활에 필요한 모든 것들이 보장된 경로이기 때문이다. 그래서 주전 2000년 경, 믿음의 조상 아브라함의 이주 경로도 메소포타미아 남단 우르에서 유프라테스 강을 따라 올라가 바벨론, 마리를 거쳐 북쪽 하란으로 갔다. 그리고 이 강을 따라

난 길은 고대 세계에서 오랫동안 주요 대로로 사용되어졌었다.

바로 이 유프라테스 강의 상류이며 하란의 서쪽 편 지역은 메소포타미아와 터키의 아나톨리아 그리고 가나안 땅이 만나는 비옥한 초승달 삼각지역이다. 그래서 인류 초기 많은 사람들이 모여 살았던 유적과 유물들이 이 지역 많은 곳에서 발굴되었다.

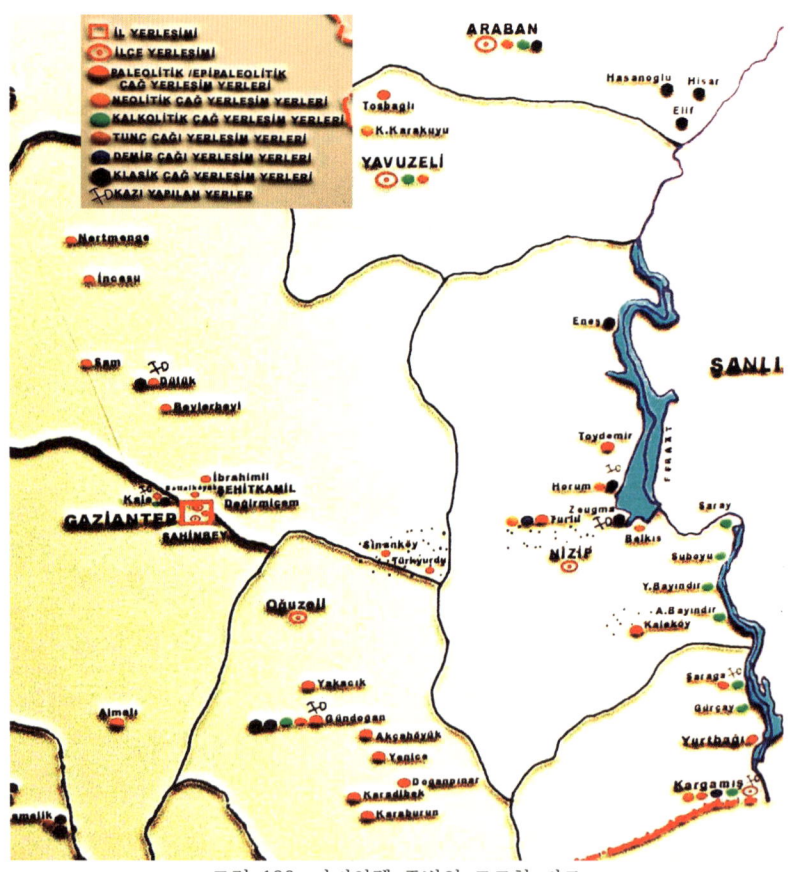

그림 183. 가지안텝 주변의 고고학 지도

구석기와 신석기는 물론이거니와 청동기와 철기에 이르는 수많은 유적지들이 군락을 이루고 있으며 찬란한 문명을 이룬 고대 도시 왕국들 하란, 에블라, 우가리트, 비블로스 등이 인근에 모여 있다.

이 지역은 대홍수 후 바벨탑을 세우기 전 셈, 함, 야벳의 많은 무리들이 함께 모여 살았던 곳이었다. 특히 유적지 에블라는 셈의 후손 에벨 자손이 세운 왕국으로 주전 2350년 이전에 메소포타미아와 가나안 전 지역에 걸쳐 무역과 외교를 펼쳤으며 왕실 서고에서 출토된 2만 개 이상의 점토판에는 성경에도 등장하는 고대 도시와 왕국들의 이름이 나열되어 있다.

또한 우가리트는 함의 후손인 가나안 인들의 청동기 유적지로 유명한 곳이다. 그러면 이들 노아의 후손들은 왜 먼 동쪽의 아라랏 지역 곧 대홍수의 심판 속에서도 구원받고 하나님의 인도하심을 받아 도착했던 땅이요, 하늘의 무지개를 보고 하나님의 음성을 들었던 거룩한 땅이며, 산 아래에는 비옥한 대 평원이 펼쳐져 구원받은 모든 생명체들이 다시 번성할 수 있도록 축복받은 이 특별한 지역을 떠났을까?

그림 184. 고대 우가리트 유적지, 시리아

필자가 여러 차례 둘러 본 이 지역은 초기 에덴 주변 지역 못지않게 대홍수 후 모든 생명체들이 생육하고 번성할 수 있도록 하나님께서 예비해주신 기름진 대평원이 산과 강으로 어우러진 아름다운 곳이었다. 그런데 많은 무리가 왜 이 기념비적인 아라랏 땅을 떠나 다시 서쪽 멀리까지 이동하여 모여 왔을까? 장거리 이동이 수월한 시기가 아니었는데 그것도 해뜨는 동쪽이나 따뜻한 남쪽으로의 이동이 아니고, 어쩌면 대홍수 전에 어느 정도의 문명 공동체를 이루었을지도 모르는 메소포타미아 남쪽의 지역을 찾아서 이동한 것도 아니고, 왜 쉽지 않은 산악 지대를 가로 지르며 멀리 서쪽으로 이동했을까? 궁금증을 자아낸다.

그런데 그 이유를 찾는 것도 중요한 일이다. 왜냐하면 그것이 에덴동산의 위치를 찾는데 중요한 단서를 줄 수도 있기 때문이다. 다시 말하면 그 서쪽 지역이 바로 대홍수가 일어나기 전 에덴에 가까이 살던 그들의 고향일 수 있기 때문이다. 이러한 주장은 이어지는 장들에서 충분히 설명하게 될 것이다. 아담, 셋, 에노스, 에녹의 신앙을 이어받은 의로운 노아의 가계는 하나님께서 남겨 놓으셨던 에덴의 주변 지역에서 살았을 가능성이 큰 것이다. 필자가 노아의 방주가 머물렀던 아라랏 산을 찾아 갔을 때 유사한 경험을 하였다. 산기슭에서 만난 서너 명의 순박한 농부는 자신들이 수 천 년 전부터 조상 대대로 그 땅에서 농사를 지으며 그 땅을 지켜왔다고 했다. 왜냐하면 자신들의 조상인 노아가 그 지역에서 농사를 지으며 사셨기 때문이라는 것이었다. 자신들은 조상의 땅을 떠나지 않고 지키며 산다고 했다. 마치 우리도 우리 조상들이 살아오신 조국의 땅을 떠나지 않고 수천 년을 살아온 것처럼 말이다. 그리고 실제로 노아가 대단히 큰 방주를 만들 때 필요했던 나무들은 남쪽 수메르 지역에선 구하기 어려웠을 것이며 에덴동산이 있던 북부 산악 지대라야 가능했을 것이다. 길가메쉬 서사시에서도 그가 찾아 나섰던 낙원(딜문)은 일곱 개의 산맥과 삼나무 숲을 넘어 있었다. 그 산맥과 숲은 메소포타미아 남쪽이 아니다.

그림 185. 자칭 노아의 후손이라는 아라랏 산의 농부, 터키 동부

홍수심판 때에 방주를 타고 멀리 동북쪽 아라랏 산까지 간 노아의 후손들은 대홍수 후 시간이 흐르며 번성했고 그들 중 일단의 큰 무리는 다시 옛 고향 에덴을 찾아 서쪽으로 옮겨갔을 것이다. 그리고 이때 특이한 사냥꾼 니므롯 같은 힘센 구스의 아들들은 그 세를 기워나갔으니 당시 이라릿 지역에서 대량 출도된 검은색의 토기들의 발견과 그 이동이 증거물로 제시되는 것이다(뒤에서 더 설명됨). 우리도 만일 큰 홍수로 멀리 떠내려갔다가 살아남았다면 고향 집과 산천들이 어떻게 되었나 다시 찾아가지 않겠는가? 거기다 조상 적부터 전해진 에덴 같은 귀중한 유산들이 고향에 남아 있었다면 더더욱 그리할 것이다.

하나님께서는 에덴동산을 노아 대홍수 때까지 오랫동안 지상에 그대로 남겨 두어 초기 인류에게 창조주 하나님에 대한 신앙의 증거로 삼게 하셨다. 따라서 아담과 셋, 에노스, 에녹, 노아에 이르는 신앙의 계보는 하나님에 의해 시작되었던 지성소와 같은 인류의 요람인 에덴을 등지고 멀리 가서 그대로 머무르기 쉽지 않았을 것이다. 가인처럼 무서운 죄를 지은 사람은 동쪽으로 멀리 피해 갔어야 했지만 말이다. 하나님께서 신비한 모습의 그룹 천사와 빙빙 도는 화염검을 두어 에덴동산의 길을 지키게 하시기까지 소중히 보전하신 그 에덴을 버려두고, 신앙의 계보를 이어온 의로운 노아의 가계가 멀리 동쪽 아라랏(청색 점선)으로 가서 그냥 거기서 주저앉아 살 수는 없었을 것이다. 그래서 그들 중의 큰 무리가 다시 대홍수 전의 고향인 서쪽의 에덴 지역(초록 점선)으로 찾아갔을 것이다.

그래서인가 서쪽 하란 가까이의 괴베클리 유적지나 카흐라만마라쉬 주변의 유적지에서 터키 동부 지역의 흑요석 도구들이

그림 186 왼쪽 에덴의 땅 주변에 밀집한 검은 점의 Kura-Arxes 유물 출토지들(by Mitchell S. Rothman)

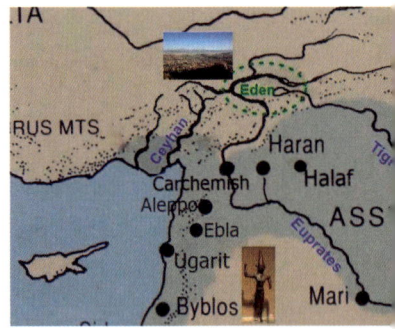

그림 187. 고대 북부 메소포타미아 지도

발견된 것은 우연이 아니다. 그리고 근자의 발굴 조사에 의하면
검은 토기 등 아라랏 지역의 Kura-Arxes 문화의 흔적이 서쪽
으로 이동하였고 특별히 엘라즈 주변 즉 본서가 말하는 에덴의
강가 지역에 크게 밀집되어 있었던 것이 밝혀짐으로써[83] 본서의
에덴의 위치에 대한 주장을 뒷받침해주고 있다.

또한 앗시리아의 왕 산헤립이 히스기야 왕 재직 시 예루살렘
을 공격하면서 협박한 말 속에는 본서가 제시하는 에덴 지역의
아래에 펼쳐진 메소포타미아 북부의 대평원에 에덴의 후손들이
살았었다고 다음과 같이 말했다.

"나의 열조가 멸하신 열방 고산(할라프)과 하란과 레셉과 및
들라살에 거하는 에덴 자손을 그 나라 신들이 건졌더냐" (사
37:12)[84]

그림 188. 고산(할라프) 유적지, 시리아 북부

그림 190. 알레포 박물관 입구에 세워진 신수 위에 선 신상들

히타이트 유물, 할라프 테페 출토, 시리아

그림 189. 아브라함의 제 2 고향 하란 유적지, 터키 동남부

그런데 여기 에덴의 자손들이 살던 지역은 바로 본서가 말하는 에덴에서 가까운 지역이며 대홍수 후 서쪽으로 이동한 구스의 아들 니므롯에 대한 이야기들과 이름을 그대로 간직한 니므롯 산과 우르파 도시가 접한 곳이다. 그리고 아브라함의 제 2의 고향 하란이 바로 우르파의 남쪽 가까이 있다.

5. 수메르 인: 북쪽에서 내려온 검은 머리의 사람들

최근에 발굴된 인류 최초의 산상 예배 성소들이 있는 거석 유적지 괴베클리(Geobekli)와 중요한 신석기 유적지들도 바로 이 주변 지역이다. 그러나 대홍수 후 다시 찾아온 그들의 고향 땅 에덴 주변 지역은 모든 것이 변하여 없어지고 파괴되었다.

최근 이 지역에 대한 지질구조 연구에 의하면 화산에 의해 만들어진 화산암과 화강암들이 그 땅의 중앙부에서 남북으로 형성되어 있고[85] 서쪽 지역은 산과 구릉의 험한 지역임을 확인할 수 있었다.

그림 191. 괴베클리 유적지, 터키 동남부

그 지역은 더 이상 그들에게 특별한 곳이 아니었다. 이제 그들이 거기에 머물러 있어야 할 이유가 없어진 것이다. 그래서 홍수 후의 인구 번성을 설명한 창세기 10장, 족보 장은 뒤이어 11장이 시작되면서 바로 서쪽에 있던 큰 무리가 동편으로 이동하다 시날 땅을 만나 바벨탑을 쌓게 된 경위를 설명하는 것이다. 그리고 바벨탑 사건 후 언어 혼란과 함께 다시 정착할 새로운 땅을 찾아 삼삼오오 흩어져 나아간 것이다. 창세기 10장에 종합된 노아 세 아들의 족보와 그들의 이주 및 정착에 대한 기록을 보면 본서가 말

그림 192 에덴의 땅 서쪽을 흐르는 유프라테스 강, 케반, 터키

하는 기혼 강의 지역을 중심으로 야벳의 주된 계열은 지중해변을 따라 서쪽 유럽으로, 셈의 계열은 남쪽과 동쪽 아시아로 나아갔다. 반면 함의 계열은 점점 이 땅의 주도권을 잡게 되어 가나안의 아들 헷 족속이 서쪽의 아나톨리아를, 그리고 장자 시돈과 다른 가나안의 자손들이 남쪽 가나안 지역을 차지한다.(미스라임과 붓은 아프리카로 들어가 이집트와 리비아 등을 이루게 된다)

그러나 누구보다도 강력한 힘과 용맹을 지닌 특이한 사냥꾼이었던 함의 장자 구스의 아들, 니므롯은 메소포타미아의 드넓은 지역 곧 남쪽의 바벨(바벨론), 에렉(우르크), 악갓(아카드)에서 북쪽 니느웨에 이르는 거대한 땅을 차지한 것이다.

수메르어 연구가 Ed Peter는 언어 분석을 통해 당시 수메르의 영웅 길가메쉬와 많은 수메르인들이 검은 머리의 흑인들이었다고 주장하기도 한다.[86] 이것은 구스의 검은색 DNA를 받은 니므롯의 후예들 중에는 검은 피부의 사람들이 나타날 수 있었기 때문에 묘한 일치를 보여준다고 할 수 있다. 수메르인들은 자신들을 가리켜 '검은 머리의 사람들'(black headed ones; 상기그;sangig;head + black)이라고 지칭했다. 특별히 수메르 문

그림 193. 검은 머리의 수메르인 상, 오른쪽 구데아 왕, 루브르

명의 마지막 전성기를 이루었던 왕 술기(shulgi)는 자신을 가르켜 ('세계 사방) (온 세상)을 통치하는 왕, 검은 머리 사람들의 제사장(pastor)'라고 표현했으며[87], 많은 신전들을 건축했던 라가쉬의 왕 구데아(Gudea)에 관한 많은 조상들은 검은 돌로 만들어졌다.

구스인들은 니므롯과 같은 혈통으로 기골이 장대하고 강한 이들이 많았던 것 같다. 그래서 메소포타미아 지역 사방으로 퍼져나가며 곳곳에 구스(쿠쉬)와 관련된 많은 이름을 남겼다. 메소포타미아를 넘어 이란 남부와 북부에도 쿠쉬란 이름의 지역이 있다. 심지어는 히말라야 산맥 서쪽으로 아프카니스탄 북동부와 파키스탄 북부에 이르는 거대한 산맥의 이름도 힌두쿠쉬이다. 아프리카 대륙의 이집트 왕조도 한때 구스의 후예인 누비아인들에 의해 통치되었다. 그리고 구스의 계열은 강한 정복자들로 사방으로 퍼져 나갔으니 그중에 여러 학자들이 구스인으로 언급한 카스 또는 카시트인들(Kassites)이 북부 메소포타미아를 거점으로 융성하였고 점점 남하하여 함무라비 왕조의 고 바빌로니아 붕괴 이후 주전 17-12세기 중반 사이에는 고대 바벨론을 통치하기도 했다. 또한 후에 신바빌로니아를 세운 갈대아인을 히브리 성경은 카스딤(Kasdim) 곧 카스인들로 표기했다. 종합하여 보면 노아 대홍수 후 초기의 메소포타미아와 가나안의 북쪽 지역은 바로 구스 자손들의 땅이었던 것이다.

그리고 이러한 사실을 보충 설명해주는 것으로 보이는 지도가 베를린의 고대 근동 아시아 박물관에 걸려 있다. 고대 근동 지역을 보여주는 이 지도에는 메소포타미아 북부의 전 지역-서쪽으로는 터키의 제이한 강 유역에서 동으로 반 호수와 이란의 우르미예에 이르는 메소포타미아 북부의 광할한 지역-의 이름을 Subartu(Subartum: 아카드어)로 표기하고 있다.

수메르어로는 Subar라고도 표기하는 이 이름들은 '엔메르카르와 아라타의 주' 서사시나 아카드의 왕 사르곤과 나람신 그리고 함무라비 왕의 비문에 이르기까지 곳곳에 나타난다. 아카드 제국(주전 2350- 2150년 경) 당시 이 단어는 방향을 나타내는 중요한 단어로도 사용되었으니 Amurru(Martu)는 서쪽, Elam은 동쪽, Sumer는 남쪽 그리고 Subartu는 북쪽을 지칭하는 단어로도 사용되었다.[88] 여기 동, 서, 남쪽을 지칭한 세 단어들이 모두 다 그 지역을 다스린 민족이나 나라 및 땅과 연관되어 있듯이 북쪽의 Subartu도 그렇다고 볼 수 있다. 그러나 청동기 초기의 오래전 시기에 이러한 이름이 어디서 어떻게 나타났는지 아직 확실한 답이 없다.

그런데 이것을 성경과 연계하여 살펴보면 어떤 힌트가 보인다. 왜냐하면 이 지역은 바로 비슷한 시기에 그 지역으로 이동하고 지배한 그룹의 이름과 유사하기 때문이다. 대홍수 후 아라랏 지역에서 서쪽으로 이동한 무리들 속에는 영웅적 인물 구스의 아들 니므롯을 포함하여 힘 있는 구스의 가계가 있었다. 검은 피부를 가진 이들이 많았던 그들은 검은색의 독특한 토기들을 만들어 사용하고 곳곳에 남겨서 그 이동 경로를 오늘날 우리에게 잘 보여주고 있다. 그런데 성경에 기록된(창 10:7) 구스의 아들들의 이름을 보면 스바(Seba)와 삽다(Sabta)가 나온다. 그런데 아브라함은 수메르어와 아카드어(동부 셈어)를 함께 사용하던 시기에 살았고 그 후손인 히브리인들이 가진 언어(서부 셈어)는 u 모음을 e 모음으로 나타내는 경향이 있었다. 또한 수메르어에는 어말 탈락자음도 있었다. 예를 들면 '신'(god)을 나타내는 단어 'dingir'는 'dingi'로 발음되었다. 그래서 S. Kramer

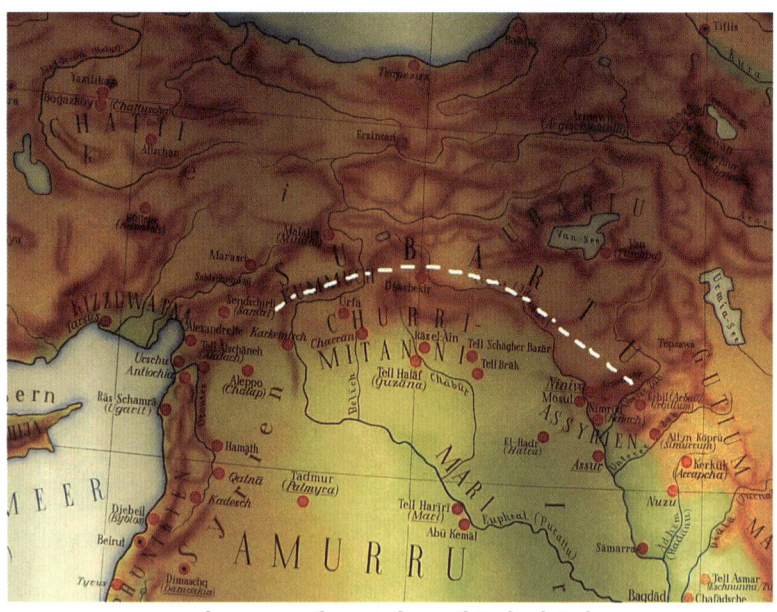

그림 194. 고대 근동지도, 베를린 박물관

182

는 포이벨(Arno Poebel)의 주장대로 동부 셈어인 '수메르' (Sumer)란 단어가 서부 셈어인 히브리어로는 '쉐메르'(Shemer) 가 되고 다시 '쉠'(Shem :셈)으로 변화된다고 했다.[89] 그러면 수메르어 Subar 역시 Subar-Sebar-Seba가 된다. 그렇다면 청동기 초기 메소포타미아 북부를 지배한 Subar는 구스의 아들 Seba가 되는 것이다. 또한 고대 우가리트어(서부 셈어)에서 Subar를 Sbr로 표기했던 것처럼 Subartu와 구스의 다른 아들 Sabta의 자음 어근을 비교해 보면 Sb(r)t-Sbt의 유사성이 있다.

구스의 후손들이 이렇게 큰 세력을 이루며 메소포타미아 북부 에서 지중해까지 이르는 지역에 살았다면 그 중 '구스'라는 이 름대로 검은 피부색의 우성인자를 가진 구스의 자녀들이 주로 이주하여 정착한 곳이 아프리카요 특히 그 주축 세력이 고대 누 비아와 에디오피아를 이룬 것으로 볼 수 있다. 하지만 여전히 아라랏 산 주변 지역에 남아있던 구스의 후손들 중에도 검은 피 부의 유전인자를 지닌 이들이 있어 주전 5세기에 헤로도토스는 아라랏 지역 북쪽의 콜키스인들을 피부색이 검은 이집트인들로 기술했던 것으로 보인다.

그런데 구스가 검은 피부를 가졌다고 해서 그 자녀들이 다 검 은 것은 아니다. 구스가 최초로 검은 사람이었다면 검지 않은 피부를 가진 아내를 통해 낳은 자녀들 중에는 피부색이 검은 이 들도 있고 아닌 자녀들도 있었을 것이다. 메소포타미아의 북부

Subartu 지역이나 니므롯이 세운 메소포타미아 지역들은 에디오피아(의미:sunburnt)인들과는 다른 구스의 자녀들이었다.

그렇다면 이미 상술한 유력한 학자들의 주장과 본서가 제시한 자료들을 볼 때, 모세가 에덴의 기혼 강과 함께 언급한 주전 15세기 이전의 구스인들의 주무대가 된 땅은 아프리카가 아닌 가나안 북부 지역에서 북부 메소포타미아를 아우르는 지역이었던 것이다. 그리고 그 중에서도 대홍수 후 초기의 중요한 구스 땅은 구스의 아들 니므롯을 중심으로 한 무리들이 동방의 시날 땅으로 이동하기 전의 서쪽 지역이니 가나안 북부와 메소포타미아의 서북부가 만나는 곳으로 본서에서는 이곳 Subar의 서쪽을 구스 땅의 기혼 지역으로 부른다.

그리고 이러한 본서의 주장을 뒷받침해주는 그 시대의 중요한 토기들이 발굴되었는데, 노아 홍수 후 아라랏 산 지역에서 서쪽의 기혼 지역으로 일단의 무리들이 옮겨 온 흔적이 당시의 토기

그림 195. 청동 전기, 말라티야 박물관

들 속에 나타나 있는 것이다. 특별히 구스인들이 그 공동체 안에서 영향력 있음을 보여주는 흔적이 담겨있어 흥미롭다. 인류 초기 고대인들이 만든 토기들은 대부분 황토 흙의 색깔 그대로였다. 그러나 청동기 초기 아라랏 산 지역에서부터 검

은색을 칠한 특별한 토기들이 나타나기 시작한다. 완전히 검거
나 또는 검은색이 많이 들어간 새로운 모습의 토기들이다. 그리
고 이 토기들은 서서히 서쪽으로 이동하여 기혼 지역에 이르며
가나안 지역으로도 옮겨 간다. 검은 토기의 얼마는 코카서스와
아나톨리아 쪽으로도 퍼진다.

왜 갑자기, 어떠한 이유에서 이러한 검은색의 토기들이 이 지
역에 출현했을까? 그리고 왜 그들 중 많은 무리들이 서쪽 방향
으로 멀리까지 이동하여 갔을까? 궁금하다. 미스테리이다. 이제
까지 많은 학자들이 연구해 왔지만 그 이유가 정확히 밝혀지지
않고 있다. 물론 토기를 굽는 방법과 기술의 변화가 그러한 결
과를 가져올 수도 있지만 당시 사람들이 이러한 검은 토기를 선
호하고 주도적 색깔로 수용했다는 인류 문화사적 동기가 더 중
요해 보인다. 그런데 이것은 성경 외의 자료들만 가지고는 이제
까지 해석이 안 되는 부분이었다. 그러나 때때로 고대사의 엉뚱
한 부분에서 성경이 힌트를 준다.

우리는 이 특별한 현상을 구스와 연관을 지어 생각해 볼 수
있다. 고대인들은 이름을 지을 때 종종 그 사물 또는 사람의 특
징이나 특별한 사건의 의미를 가지고 지었다. 노아의 아들 함은
첫 아들을 낳았을 때 당황스러웠다. 왜냐하면 그 아들의 피부색
이 달랐기 때문이었다. 어둡고 거친 검은색 피부였다. 함은 당
혹스러웠겠지만 그 아이의 특징을 따라 이름을 '구스'(Cush)라
했으니 수메르어로 '쿠'(ku$_{10}$ =gi$_6$=gig$_2$)는 'black, dark, night,

shade'의 의미이며90) '쿠스'(Kus, Kush)는 'skin, animal hide, leather'의 의미를 가진다.91) 그리고 히브리어 성경에서 Cush는 역시 black의 의미를 가진다.92) 다시 말해 구스는 거칠고 검은 피부를 가진 아이로 태어난 것이다.

그래서 주전 7-6세기에 활동한 선지자 예례미야는 '구스인이 그 피부를, 표범이 그 반점을 변할 수 있느뇨 할 수 있을진대 악에 익숙한 너희도 선을 행할 수 있으리라'(렘 13:23)고 했다. 즉 구스인의 피부가 표범의 반점처럼 변개할 수 없는 검은 빛깔임을 말해주고 있다. 또한 구스의 후손들 일부가 에디오피아를 세우게 되었는데 에디오피아의 뜻은 '햇볕에 그을어 탄'(sunburnt)의 의미를 가지고 있어 아프리카로 내려온 구스인들의 피부가 검었음을 설명해주고 있는 것이다.

함의 장자인 구스의 피부가 검은색을 가진 후로 검은 피부의 구스인들이 많이 나타났고 니므롯 같은 구스의 아들들이 홍수 이후 세계에서 주도 세력을 이루었기에 그들은 생활 속에서 자연히 검은 빛과 친근하게 되었고, 검은 빛의 토기들을 선호하게 된 것이다.

그리고 검은 색의 피부를 가지고 검은 빛의 토기를 만들어 사용하던 아라랏 지역의 구스인을 포함한 노아 자손의 주된 무리들은 에덴이 있던 방향인 서쪽으로 이동하여 옛 에덴의 주변 지역으로 모인 것이다. 사라진 에덴의 모습을 확인한 그들 중의 힘있는 무리는 영웅적 힘과 기개를 지닌 구스의 아들 니므롯을 중심으로 유프라테스 강을 따라 동으로 이동하다 시날 땅의 바벨에 이르렀고 함과 구스의 피를 이어받은 니므롯의 주동하에 하나님의 뜻에 반하는 거대한 바벨탑을 세우려 했던 것이다. 이때 셈의 4대 손 에벨을 중심으로 한 무리들은 구 에덴의 서남쪽 기혼 지역에서 에블라 왕국을 세웠으며 에벨의 아들 벨렉 때에 (바벨탑 사건으로) 세상이 나뉘었다고 성경은 말해주는 것이다 (창 11장). 그리고 구스의 형제 미스라임의 후손들은 아프리카 대륙으로 들어가 나일 강 지역에 퍼지며 고대 이집트 왕국을 세우고 거대한 피라미드 탑들도 건축한 것이다. 고대 이집트 최초의 피라미드인 사카라의 피라미드도 메소포타미아 지역의 지그랕처럼 계단식 탑이었다. 노아의 대홍수 후 아라랏 산 지역에서 검은 색의 토기를 사용하며 서쪽의 에덴과 기혼의 지역으로 이동한 무리 중 검은 피부의 구스인들은 결국 기혼 강을 찾아주는 열쇠가 되었다. 그리고 검은 색깔의 토기는 가나안을 거쳐 아프리카로 들어감으로써 또 다른 구스 후손들의 이동 경로도 밝혀주는 것이다.

그래서 역사의 시간이 오래 경과되어 오늘에 이르기까지 구스인의 영향력이 크게 미쳤던 아나톨리아나 메소포타미아 주변 지역에서는 토기만이 아니라 건축물에서도 검은색은 위엄 있고 신성한 의미를 주는 색으로 자리 잡아 신전이나 왕과 귀족 또는 관공서의 건물을 지을 때도 전체 또는 중심의 일부에 검은 돌이

나 검은 대리석이 사용되고 있다. 그리고 검다는 터키어 단어 'kara'도 색과 상관없이 특별한 의미를 더하는 말로 오늘날까지 터키 전역에서 사용되어지고 있는데, 예를 들면 흑해(Black Sea/ Kara+deniz)나 독수리(Kara+kush)는 색이 검어서 만들어진 이름이 아니라 그 규모나 활동의 범위에 있어 비범한 위용과 지배적 의미를 더해주는 이름들인 것이다. 수도 이름 앙카라 (An+kara) 역시 그렇다.

그런데 이러한 배경 하에서 성경은 더욱 명확하게 기혼 강의 구스 땅에 대한 답을 주고 있다. 주전 15세기 모세가 창세기의 에덴을 기록할 때 사용한 구스 땅은 같은 시대에 일어났던 성경의 다른 사건에서도 구스인들이 살던 땅으로 언급된 것을 찾아볼 수 있다.

여호수아 사후 첫 번째 사사가 된 옷니엘이 당시 이스라엘 민족을 침략하고 노략하며 괴롭히던 메소포타미아의 왕 구산 리사다임(삿 3:8)을 물리쳤는데, 여기서 사용된 '메소포타미아'는 히브리어 성경에서는 'Aram-naharaim'으로 표기 되었으니 이 말은 'Aram of two rivers'의 의미이다. 다시 말해 이 메소포타미아는 남부 수메르 지역이 아닌 유프라테스 강 상류 지역인 북부 하란 주변의 아람 지역(between the Euphates and Balih rivers)을 말한다. 그리고 그 땅에 살면서 그 땅을 지배하던 왕의 이름은 '구산 리사다임(Cushan risha- thaim)'인데 여기 '구산(Cushan)이란 단어의 기원은 Cush'[93]로 '구스인'을 일컫는 말로 Aram-naharaim 지역은 구스 인들이 살면서 다스린 구스 인들의 땅이었다. 따라서 모세가 기혼 강의 구스 땅을 성경에 기록할 당시의 가장 확실한 성경 상의 구스 땅은 북 이란이나 코카서스 또는 에디오피아 지역의 구스가 아니라 구스의 장손 스바(Seba)가 다스린 북부 메소포타미아 Subar / Subartu 지역으로, 특히 아람 땅이 속한 가나안 북부와 아나톨리아와 북부 메소포타미아가 만나는 지역이었던 것이다.

추가 참고: 기혼 강 이야기

이제까지 구스 땅을 찾았으니 구스 땅을 흘렀다고 한 기혼 강을 찾는 것은 그리 어려울 것 같지는 않다. 그러나 모른다. 가봐야 안다. 우리는 그동안 대홍수 후의 여러 구스 땅을 살펴보았고 그중에서 모세 시대에 성경과 근동 역사가 말하는 구스 땅이 대략 어디인지를 확인하였다. 그렇다면 어떤 이들이 주장하는 터키 동부에서 이란 북부를 거쳐 카스피 해로 들어가는 아라스 강은 구스 땅을 흐른 기혼 강과는 거리가 멀다는 것을 알 수 있다. 실제로 기혼(아랍어 Jihon/Jayhon)이라는 말이 아람 시대에 여러 큰 강들에 붙여져 사용되었다고 한다.94) 예를 들면 중앙아시아에서 가장 길고 큰 강인 아무 다리야(Amu Darya)도 중세 아랍인들에게 Jaihun이라 불렸다.95) 그러므로 기혼-아라스라는 이름이 있었다고 해서 아라스 강이 꼭 에덴에서 흐른 기혼 강이라고 말 할 수는 없는 것이다. 오히려 '큰 강 아라스'라고 말할 수 있다.

　　그러면 또 다른 지역에 남아있는 기혼이란 이름이 있는가? 성경의 에덴과 관련지을 만한 자연적, 역사적 환경을 가진 기혼의 강이 있을까? 이제까지 당연히 없는 것으로 여겨졌다. 그리고 없을 것이라고 생각했다. 그런데 아니다. 있다. 놀랍게도 남아있다. 그것도 본서가 이제까지 설명한 모세 시대의 구스인의 땅 기혼 지역에 흐르는 강이다. 그런데 왜 이제까지 누구도 이것에 대해 말하지 않았을까? 그 답은 이제까지 이 글을 읽어 온 독자들이 내릴 수 있을 것 같다.

　　이제 에덴에서 흘러내린 두 번째 강 기혼을 찾아 나서자. 성경의 기록에 에덴에서 강물이 네 개로 나뉘어 흘렀다는 말씀은 에덴의 땅을 찾는데 상당히 중요한 힌트를 준다. 성경에서 4라는 숫자는 종종 세상 사방을 상징하여 사용된다. 따라서 에덴의 물이 네 개로 나뉘어 흘렀다는 말은 이미 앞에서 설명한 바와 같이 세상 사방 전체를 향해 하나님의 사랑과 축복이 전해지는 것이라고 해석된다.

　　그렇다면 에덴에서 흘러내린 강물은 그 방향이 정확하지는 않더라도 대략 지상의 네 방향을 향해 흐른다고 볼 수 있다. 이것은 단순한 추리가 아니며, 인류 초기의 토기들 속에 물이 사방 곧 네 갈래로 나뉘어 퍼지는 모습들의 근거를 가지고 말하는 것이다. 그럴 때, 뒤에 자세히 설명되겠지만, 에덴을 중심으로 시작된 네 강의 시작 방향이 비손 강은 북쪽으로, 유프라테스 강은 남쪽으로, 티그리스는 동쪽으로 나머지 기혼 강은 서쪽으로 흐를 수 있는 것이다.

그런데 기혼 강은 구스 땅을 흘렀다고 했다. 이미 앞에서 살펴본 대로 구스 지역은 지리상 세 개의 문명권 메소포타미아, 가나안, 아나톨리아가 교차하는 지역으로 이곳에 고대로부터 현재까지 유구히 흐르는 깅이 있으니 그 이름은 터키어로 제이한(Ceyhan) 강이다. 이 강은 본서에서 말하는 에덴 지역인 메소포타미아 북부 산악 지대의 유프라테스 강에서 나뉘어 서쪽으로

그림 196. 타우루스 산맥 사이를 흐르는 제이한 강과 댐, 터키 동부

그림 197. 제이한과 세이한 강의 델타 지역 터키 동남부

흐르다가 현재는 타우루스 산맥으로 중간 일부분이 끊어져 있지만 산맥 반대 방향에서 다시 흘러내린 물줄기는 산맥을 굽이굽이 돌아 큰 강을 이루고 주변을 적시다가 하류에 대평원을 만들면서 지중해로 흘러 들어간다.

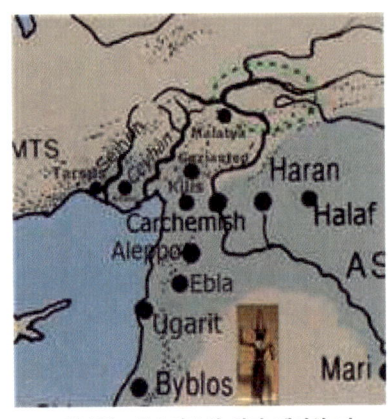

그림 198. 구스인들의 땅과 제이한 강

그리고 이 평원과 주변 지역에는 고대의 유명한 도시들이 자리 잡고 있으며 또한 이 강 곳곳에서 인류 초기 선사 시대의 많은 유물들이 출토되었다. 이 강의 이름 제이한(Ceyhan)은 기혼(Gihon)과 상당히 유사함을 볼 수 있다. 이름의 자음 'c(j) h n'은 기혼의 자음 'g h n'과 거의 같다. 고대어들은 그 전래 과정에서 모음의 변화와 함께 k(c)와 g, b와 p, d와 t는 자주 변환되어 사용되었다. 그렇다면 여기서 c(j)-g의 변환을 생각하면 이름이 기혼과 같아진다.

그리고 중세 이슬람 문헌에서 Gihon을 Jihon/ Jayhon으로 표기했고 중세 이슬람 작가들은 Jihon/ Jayhon(Amu Darya)을

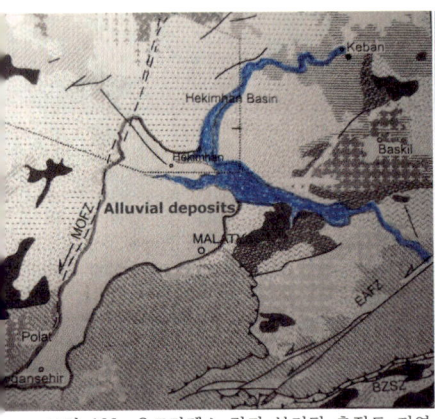

그림 199. 유프라테스 강과 분리된 충적토 지역, 그림 200. 유프라테스 강에서 서쪽으로 나누어지는 강줄기, 공중모
Alluvial deposits(by Ilkay Kuscu외)

터키의 Ceyhun (Jayhun)과 동일시했다.[96] 본래 Ceyhun (Jay
-hun)은 페르시아어의 Jihon 또는 Zhihon에서 파생된 것으
로[97] 지금의 Ceyhan 강을 일컫는 말이다. 그러므로 페르시아어
및 중세 이슬람어와 관련된 터키의 Ceyhan (Jayhun) 강은 그
이름이 어원적으로 성경의 Gihon 강과 연결되어 있는 것이다.

오늘날 Ceyhan 강의 상류는 타우루스 산맥의 동쪽 끝 부분
으로 유프라테스 강의 서쪽 상류와 인접해 있는데(그림 200) 본
래 유프라테스 강의 상류에서 서쪽과 서남쪽으로 갈라져 나온
강줄기들과 연결되어 있었던 것으로 보인다. 실제로 이 지역에
는 서남쪽으로 길게 충적암이 형성되어 있어(그림 199)[98] 과거
오랜 기간 이곳으로 큰 강물이 흐르고 있었으나 대홍수로 인한
지형적 변화로 그 흐름이 산맥 위에서 단절, 변화된 것으로 파
악된다.

이 지역은 본서가 말하는 에덴 지역과 연결된 곳으로 지질학
적으로 아라비아판과 유라시아판이 만나는 곳이며, 동 아나톨리
아 단층이 동서로 밀리는 곳으로 대홍수 격변의 영향이 컸던
곳이다.(그림 201)[99] 근자의 지질학적 연구에 의하면 이 지역에
만 14개의 단층들이 있어 상하좌우로 밀고 밀린 흔적들을
볼 수 있다.(그림 202)[100].

Ceyhan 강은 같은 산맥의 상류에서 좀 더 서쪽으로 흘러내
리는 세이한(Seyhan) 강과 더불어 북동쪽 지중해 연안에 최고

비옥한 대평야의 델타 지역을 만들어주었다. 이 지역에 고대 도시 아다나(Adana)나 바울의 도시 다소(Tarsus)가 있으며 페르시아 대 그리이스 전쟁의 현장 이소스(Issos) 그리고 가지안텝(Gaziantep)과 유명한 성경의 수리아 안디옥이 연결되어 있다. 그리고 이 지역 인근에 고대 근동 세계의 교차로였던 알레포(Alepo)가 있으며 그 옆에 주전 3천 년대의 에벨의 도시 에블라 왕국이 있었고 그 아래에 가나안 문명의 정수를 보여주는 우가리트과 비블로스가 있다.

이 지역은 메소포타미아와 아나톨리아, 앗시리아, 바빌로니아, 이집트, 페르시아, 헬라, 로마의 문명과 힘이 마주치고 교차되는 곳이었다. 히타이트와 라암세스 2세가 충돌하고, 앗시리아와 이집트 그리고 신바빌로니아가 최후의 결전을 이룬 갈그미스, 페르시아와 헬라의 치열한 싸움이 이루어진 이시스 해전이 있었던

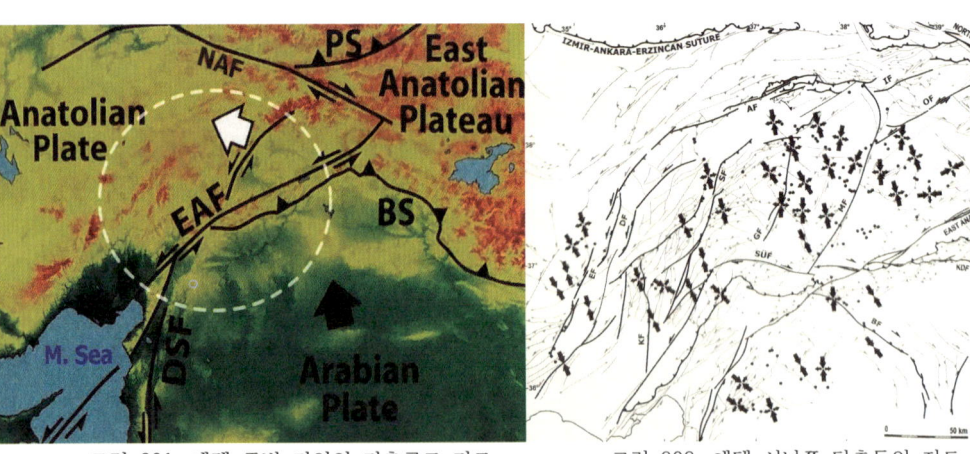

그림 201. 에덴 주변 지역의 지층구조 지도
(by George Zandt외)

그림 202. 에덴 서남쪽 단층들의 지도
(by N. Kaymakci 외)

곳이다. 해가 뜨는 동쪽의 땅 레반트로도 불리는 이 아름다운 지역은 홍수 이전에는 아담의 초기 후손들이 그리고 대홍수 후에는 노아의 후손들 특히 구스의 아들들과 니므롯의 세력이 왕성한 지역이었다. 그리고 그 지역을 적시던 기혼(Gihon) 강은 오늘도 여전히 파생된 이름 Ceyhan으로 그 땅을 적시고 있는 것이다.

그림 203. 가지안텝 주변의 고고학 지도, 터키 동남부

그리고 이 강이 진짜 에덴에서 흘러내렸던 원시의 강이었다면 유프라테스나 티그리스 강처럼 초기 인류가 거주했던 흔적들이 남아있어야 할 것이다. 만약 남아 있다면 좋은 증거가 될 것이다. 그런데 남아 있다. 그것도 조금이 아니라 많이 남아 있다. 유적지가 한두 곳이라면 지구 다른 강가에도 흔히 있을 수 있는 일이다. 그러나 그렇게 크지 않은 이 지역에 아주 많이, 구석구석에, 여러 시대에 걸친 유물과 유적지들이 산재해 있다. 아담 이후 인류 초기 구석기에서 신석기, 청동기, 철기에 이르는 다양한 시대의 다양한 유적지들이 유프라테스 강과 제이한 강 사이를 가득 채우고 있다.

이 강의 상류에는 오랜 역사를 가진 카흐라만마라쉬(Kahra-manmaraş)라는 도시가 있다. 그리고 이 도시 근교의 Direkli 동굴에서 출토된 유물들 중에는 이제까지 발굴된 것 중에서는 인류 최초의 것으로 인정되고 있는 진흙을 구워서 만든 어머니 여신의 작은 신상과 구석기와 신석기의 가옥과 생활 모습들을 보여주는 특별한 유물들이 많이 출토되었다.

그리고 인근 Domuz Tepe(그림 30)는 주전 8000-7000년에 신석기 사회가 조성되었는데 주전 5500년에는 그 크기가 20ha (축구장 28개 크기)에 달해 수메르 도시들이 생기기 전 중동에서 가장 큰 신석기 사회를 이룬 곳으로 선사 시대에 2천 명 이상의 사람들이 모여 살았음이 유물들을 통해 밝혀졌다. 그 중에는 특별히 동쪽 아라랏 아르메니아 지역에서 가져온 흑요석들

이 있어 대홍수 후 서쪽으로 이동한
무리들이 이 지역에도 거주했음을
증명해주고 있다. 또한 이곳에서 만
들어졌으나 제이한 강 중류 Kara
tepe로 옮겨져 있던 석주에는 생명
의 나무와 그 양옆에 춤추는 예배자

그림 206.생명나무
앞에서 춤추는
예배자들

의 모습이 새겨져있어 그 지역 사람들이 오랫동안
에덴과 생명나무에 관한 신앙을 가지고 있었음을 알
수 있다.

그림 204

제이한 강과 유프라테스 강 사이의 땅에서 발굴
된 수많은 유물과 유적들은 이 땅 곳곳에 구석기에
서 신석기, 청동기, 철기 시대를 아우르는 집단들이
모여 있었음을 증거하고 있다. 에덴동산에서 추방된
아담의 후손 들인 초기 인류가 많이 모여 살았고

그림 205. 신석기 초기
거주 주택이 그려진 토기

그림 207. 도무즈 테페, 터키 동남부   그림 208. 신석기 토기들, 카흐라만마라쉬 박물관

197

또한 노아 홍수 후 다시 찾아 온 노아 세 아들의 후손들이 살던 곳이기에 초기 문명 인류의 많은 흔적들이 뒤섞여 있는 곳이다. 또한 남쪽 킬리스(Kilis) 박물관의 고고학 지도는 얼마나 많은 이들이 인류 문명 초기부터 계속하여 이 지역에 살아 왔는지를 잘 보여준다.

그림 209. Kilis 주변 고고학 분포 지도

그리고 아마도 인류 최초의 농사 벽화로 여겨지는 주전 4천 년 기(4th millenium) 사람이 펑크 머리를 하고 소를 몰고 밭을 가는 아름다운 모습의 벽화가 이 지역 곧 본서가 말하는 에덴 주변의 남쪽 유적지 왕궁 벽면에 그려져 있기도 하다. 인류 최초의 농경문화가 이루어진 곳이 메소포타미아의 비옥한 초승달 지역이요 그 중에서도 북부 레반트 곧 이 주변 지역이라는 것을 대영 박물관과 'History of the World' 지도는 설명하고 있는 것이다.101) 에덴에서 추방되었던 아담이 생계를 위해 해야 했던 중요한 일은 땅을 갈고 농사짓는 일이었으며 그의 아들 가인도 농사짓는 자였다고 성경은 말하고 있으니 바로 이곳에서 세계 문명사와 고고학의 증거는 성경과 일치하는 것이다.

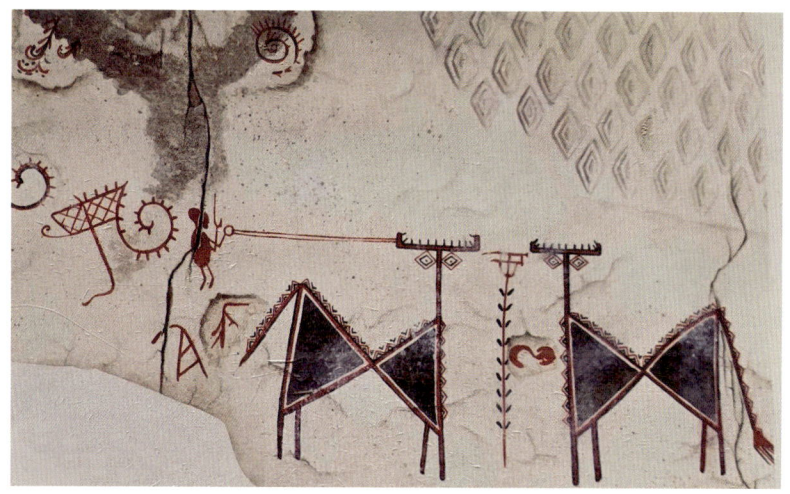

그림 210. 에덴의 땅 옆 인류 최초 농경사회 지역의
오천년 전 농사 벽화(재현), 왕궁벽회, 디기

그러므로 가나안과 아나톨리아의 경계이면서 또한 메소포타미아 초승달 지역의 경계를 이루는 지역을 흐르는 제이한 강은, 구스 땅을 흘렀다고 기록된 기혼 강이 될 수 있는 것이다. 현재

그림 211. 에덴의 땅 아래 인류 최초 농경지역에 있는 아쉴란 테페 농부 벽화, 5500년 전, 말라티야, 터키

로써는 타우루스 산맥으로 끊어지기는 했으나 제이한 강은 이 책에서 제시하는 에덴 지역에서부터 강물이 시작되어 흘러내렸으며, 유프라테스 강과 연결되고 티그리스 강의 발원지와도 멀지 않은 곳에 있다. 이제 우리는 모세가 말한 그 시대의 구스 땅과 그곳을 흐르던 기혼 강을 찾았다. 그리고 에덴동산 가까이 다가왔고 초기 인류 아담의 후손들이 남긴 신석기 거대한 예배 제단들과 그 가운데 우뚝 선, 북쪽 에덴을 향한, 왕 같은 시조 아담과 하와의 추모 기둥들까지 만났다.

림 212.인류 최초의 농경사회 지역과 유프라테스 강 줄기, 그 너머로 산의 울타리와 에덴 지역, 남쪽에 괴베클리와 카라한 테페 등 초기 신석기 유적지들이 있다. 터키 동남부 말라티아와 엘라지 지역.

나가는 말

오늘날 전 세계적으로 기독교가 과거보다 생명력을 잃고 약하여 감을 많은 이들이 느끼고 있다. 여러 가지 이유들이 있겠지만 신학자의 한 사람으로 필자가 느끼는 중요한 이유는 성경에 대한 왜곡과 불신 때문이라는 것이다. 중세 카톨릭 교회의 잘못에 대한 종교개혁은 '성경으로 돌아가자', '성경만이 우리의 유일 무오한 하나님의 말씀'이라고 외치며 개신교회가 일어나 세계적인 부흥과 성장을 이루었지만 후에 찾아 온 과학주의와 이성주위 등에 영향 받은 사람들이 성경을 의심 불신하고 신화화하는 과정 속에서 신앙의 생명력은 상실되고 믿음의 열정은 식어지고 소위 지성과 젊음을 추구한다는 이들은 교회를 외면하기 시작하면서 교회는 세속화내지 쇠약의 길을 걷게 된 것이다.

하나님도 성령의 임재도 경험하지 못한 이들 중 심지어 교수

목사들이 머리와 이론만으로 하나님의 말씀인 성경을 왜곡시키고, 세상적인 제한된 지식과 자기중심적 합리성을 기준으로 성경을 판단하고 잘못된 결론을 도출하는 일들이 많이 있었다. 그런데 근자에 터키 동부에서 발굴되고 있는 많은 인류 초기의 고고학 유물들은 그동안 우리가 거의 절대적 원리처럼 믿고 가르쳐온 문명 발생의 진화론적 발전 이론들이 상당 부분 잘못되었다는 것을 깨닫게 하고 있다. 구석기에서 신석기로 농업혁명이 일어나고 사회가 형성 발전 조직화 되는 과정 속에서 종교와 문화가 생성 발전하며 도시 문명을 이루었다는 기존 이론은 가설이 아니라 정설처럼 당연하게 믿고 가르쳐온 것이었다. 진화론적 사고가 바탕이 되어있는 역사관이나 지식들은 그것이 당연한 것이었다.

그러나 13,000년 전 미개함의 단계에 있다고 생각한 초기의 사람들이 살던 주거지들과 종교적 제단과 건물, 유물들이 쏟아져 나오는 상황 속에서 세계 학계는 놀라 벌린 입을 닫을 수 없을 정도가 되었다. 그리고 그들은 이제 고고학적 진실 앞에서 기존의 잘못된 이론을 수정해야하고 농업이 이루어지기 전, 사회가 형성되기 전, 문자가 있기 전, 문화 문명이 발생하기 전 수렵채집기의 사람들이 먼저 종교를 중심으로 모이고 그것이 매개가 되어 사회와 조직을 이루고 현대인 못지 않는 토목 건축 예술 등의 총체적 기술과 재능을 모아 특별한 도구도 없이 거대한 거석의 예배 제단을 만들고 그것을 바탕으로 수렵채집의 단계에서 농업혁명의 신석기 사회로의 대전환을 이루어나간 사실을 목도하게 된 것이었다. 그렇다면 그들에게 공통적으로 내재되어 있던 종교성과 초기에 일치된 마음으로 북쪽을 향한 기념비적인 거석 예배제단을 만들게 한 제일 원인과 동력은 무엇이었을까? 그것은 어디에서 왔을까? 무엇이 그들이 그렇게 할 수 있도록 이끈 것이었을까? 아직 아무도 모른다. 아마 세상 이론으로는 설명이 안 될 것이다. 그런데 이러한 일들은 초기 인류에 대한 성경의 말씀들을 참고 하면 많은 도움이 되는 것을 보았다. 특별히 인류의 시작점인 에덴과 그 이후 일어난 사건들과 비교할 때 그 증거가 명확해지는 것도 확인되었다.

성경을 그대로 믿는 이들은 옛 부터 에덴의 땅이 어디에 있었는지 매우 궁금했고 찾으려고 노력도 많이 했다. 그러던 중 이제까지 많은 이들이 주장하고 믿어 온 장소는 메소포타미아 남부 유프라테스 강과 티그리스 강이 만나는 '쿠르나' 지역으로 생각했고 성경학자들도 많이 동조했었다. 그런데 그 이론을 뒷받침하는 근거 중의 하나가 수메르 지역이 인류 최초 문명의 발생지로 믿어져 왔기 때문에 인류의 조상 아담과 하와도 에덴도 그 지역에 있는 것이 합리적으로 맞다고 생각하면서 이론을 세웠기 때문이었다.

그러나 이제 수메르보다도 수천 년 전에 이미 메소포타미아 북부에 초기 인류가 살았고 그 종교적 예배제단과 유물들이 수 없이 나오면서 그들의 많은 유물들이 그 이후 메소포타미아 지역의 유물들과 연관성이 있어 보이기에 쿠르나 이론은 그 신빙성을 잃게 되었고 성경이 수메르 바빌로니아의 신화들에 영향 받아서 만들어졌다는 터무니없는 이론도 무너지게 될 것이다.

필자는 오래 전 괴베클리 테페가 아직 세상에 공식적으로 발표되기 전 하란을 거쳐 괴베클리 산지를 찾아가게 되었다. 발굴 작업이 시작되었을 때 그곳 사람들에게 그곳은 일명 '아담의 배꼽'이라고 알려져 있었고 그래서 성경관련 고고학을 조사 연구하는 필자에게 혹자가 그곳을 가보자고 제안한 것이었다. 그곳에 도착했을 때 많은 이들이 땅을 파고 흙을 나르며 열심히 발굴 작업을 하고 있었다. 그리고 내 눈에는 땅에서 솟아 오른 티자 기둥들이 그 모습을 드러내는 것이 보였다. 놀라운 장면들이었다. 그 때 책임자에게 사진 촬영해도 되는지 물었는데 그분의 답이 고마웠다. '사진은 찍되 아직 세상에 공개하지 마세요. 많은 부분이 드러나면 자기들이 공개할 것'이라 했습니다. 공감하고 감사하며 인류 역사에 충격적 진실을 알려주게 될 현장에서 큰 감동을 받았다.

에덴의 땅은 시기적으로 수메르 남쪽이 아니라 이곳 메소포타미아 북부 인 것이 더 확실해졌기 때문입니다. 그런데 이미 필자는 성경과 문명사의 수많은 유물들을 토대로 오랫동안 메소포타미아와 에덴을 조사 연구해 왔기에 멀지않은 이 지역의 북쪽 엘라즈 주변이 에덴의 땅 이었다고 책으로 발표를 했고 이제 괴베클리를 중심한 많은 신석기 유적지들이 그것을 고고학적으로 증거하게 되었습니다.

그리고 이러한 일련의 발굴들 곧 터키 정부의 타쉬 테펠레 프로젝트가 성경의 에덴에서 바벨탑까지의 인류 역사에 가장 오래된 부분인 태고사의 4대 사건을 보충설명 해줄 수 있게 되고 성경말씀의 진실함과 그 영적 권위를 세우는데 귀한 자료들을 보여주고 있음에 감사를 드린다.

글을 마감하면서 20년을 괴베클리에 묻혀 12,000년 동안 감추어져있던 인류 역사의 진실을 밝히는데 총력을 다 하다가 운명을 달리한 Claus Schimit 박사(그림 213에게 존경과 감사를 드리며, 역시 피땀 흘리는 수고와

그림 213.

인내 속에서 일만 년의 감춰진 역사의 진실들을 밝히는데 헌신해온 수많은 고고학자들과 관계자들에게 감사의 말을 전하고 싶다. 그 분들의 수고가 없었다면 필자도 오늘의 글을 쓸 수가 없었을 것이다. 그리고 먼 타국의 산과 골짜기를 찾아다니고 박물관을 섭렵하며 연구하도록 기도와 물질로 후원하고 협력해준 로고스 에클레시아 성도들과 성경N메소포타미아 유물관 BARA에게도 감사를 드린다. 그러나 역시 가정을 뒷전하고 일에 몰두해 다니는 남편을 기도와 사랑의 봉사로 묵묵히 헌신해 준 아내에게 큰 감사를 드리며 무엇보다도 하나님의 은혜가 아니고서는

도저히 할 수도 없고 이룰 수도 없는 일들을 보게 하시고 깨닫게 하시고 이루게 하신 성삼위 하나님께 모든 감사와 영광을 올려 드립니다.

아직도 많이 부족한 졸서를 읽어주시는 독자 여러분께 감사드리며 이 작은 책이 여러분의 믿음에 도움을 주고 성경말씀의 진실함과 권위를 세우는데 조금이라도 유익이 될 수 있다면 더 없는 기쁨이 되겠습니다.

터키 카라한 테페에서

Soli Deo Gloria !!

Notes

1) 참고. *수메르 신화와 유물 이야기*' 김남철, 2012, 쿰란 / '에덴의 발견, 김남철, 2017. 2024, BARA.
2) Gordon J. Wenham, 「창세기(상)」 박영호, 솔로몬, 2000. 170.
3) Strong's Hebrew:3318, Bible Hub.
4) Strong's Hebrew:7218, Bible Hub. (NASB; head, heads, top, chief, tops, first, beginning), Bible Hub.
5) Strong's Hebrew: 1588, Lexical Summary, Strong's Exhaustive Concordance, NAS Exhaustive Concordance, Brown-Driver-Briggs, Bible Hub
6) Strong's Hebrew: 1598, Lexical Summary, Strong's Exhaustive Concordance, NAS Exhaustive Concordance, Brown-Driver-Briggs, Bible Hub
7) Gordon J. Wenham, 175
8) Gafarin, Michael (31 Deceber 2009), *Ancient greece and Rome, vol. 1*, Oxford University Press, Incorporated, 247.
9) Oxford Dictionaries 2015.
10) Gordon J. Wenham, pp. 174-5.
11) "Tigris-Euphrates river system", Encyclopaedia Britannica.
12) 에덴의 발견, 증보판, 김남철, BARA, 2024 p. 141
13) UNESCO World Heritage Centre.
14) Klaus Schmidt, Göbekli Tepe - the Stone Age Sanctuaries, Documenta Praehistorica ⅩⅩⅩⅤⅡ(2010)
15) Oliver Dietrich, Klaus Schmidt, A Radiocarbon Date from the Wall Plaster of Göbekli Tepe, *Neo-Lithics*.2010(2): 82.
16) Breuers & Kinzel 2022, "Chipped Stone Artefacts, Architecture and Formation Processes at Göbekli Tepe", *Traching the Neolithic in the Near East. Lithic Perspectives on Its Origins*, Development and Dispersals. 471.
17) Andrew Collins, *GÖBEKLI TEPE GENESIS OF THE CODS. The Temple of the Watchers and the Discovery of Eden*, Gear & Company, Rochester, Vermont, 2014, 83-104.
18) Cauvin, Birth of the Gods, 91.quoted in Andrew Collins, 27.
19) SCIENCE, VOL 319, *Seeking the Roots of Ritual*, p. 279, 18 JANUARY 2008.
20) Andrew Collins, pp. 225-6.
21) Klaus Schmidt, *Göbekli Tepe-the Stone Age Sanctuaries*, 254.
22) Gil Haklay, Avi Gopher, "Geometry and Planning in the Early Neolithic Village of Göbekli Tepe", *Cambridge Archaeological Journal*(5. 2020), Vol 30, No. 2, pp. 343-357
23) See Vachagan Vahradyan and Marine Vahradyan "About the Astronomical Role of 'Qarahunge' Monument," Anunner.com quoted in Andrew Collins, p. 102.

24) Giulio Magli, "Sirius and the project of the megalithic enclosures at Gobekli Tepe", Nesus Network Journal Vol. 18, No. 2 (2016), pp. 337-346.
25) L. Austine Waddell, *A Sumer Aryan Dictionary*, LUZAC & CO, 1927, p. 29
26) Ibid.
27) Andrew Collins, 86-87.
28) Klaus Schmidt, 240.
29) Ibid., 244-5.
30) Gordon J Wenham, 208.
31) Klaus Schmidt, 244-254.
32) Ibid, 248-254.
33) Cauvin, Jacques. *The Birth of the Gods, and the Origins of Agriculture*, 91
34) Klaus Schmidt, 254.
35) Andrew Collins, p. 56.
36) John A Halloran, 45, 277. 수메르어에서 다음 단어들이 같은 의미로 사용되곤 했다. ti:diₛ:tin:din:rib, to live.
37) Klaus Schmidt, 239-254
38) Metin Kartal et al., "Chipped stone assemblages of Körtik Tepe", *Journal of Archaeological Science*: Reports, 19(2018) 92-99, 92.
39) Özkaya, Becihi; Siddiq, Abu B.(25O October 2023). "Körtik tepe in the Origin and Development of the Neolithic in Upper Mesopotamia".*The Epipalaeolithic and Neolithic in the Eas-tern Fertile Crescent*. Routledge. pp. 138-168.
40) Vecihi Ozkaya, Excavations at Kortik Tepe. p.3, A new pre-pottery Neolithic A site in southeastern Anatilia, *NEO-LITHICS* 2/09, 2009.
41) Ozkaya & Siddiq 2023, pp. 138ff
42) Ibid., pp. 161-2.
43) Vecihi Ozkaya, p 5
44) Ibid.
45) Samuel N Kramer, History Begins At Sumer, pp. 18-29.
46) L. Austine Waddell, A Sumer Aryan Dictionary, plate II
47) 김남철, *에덴의 발견*, 2024, 74.
48) Strong's Hebrew:1588. gan, NAS Exhaustive Concordance, Bible Hub.
49) Ibid.
50) L. Austine Waddell, Indosumerian Seals Deciphered, p. 75.
51) Robert Beer, The Handbook of Tibetan Buddhist Symbols, pp. 97-98.
52) Thomas, Sean (8 May 2022). "Is an unknown, extraordinarily ancient civilisation buried under eastern Turkey?". Spectator Magazine. Retrieved 24 May 2022.
53) Spray, Aaron (31 October 2021). "Karahan Tepe is Called The 'Sister Site' Of Gobekli Tepe In Turkey (And Is Just As Old)". *The Travel*. Retrieved 27 May 2022.

54) Celik, Bahattin (January 2000). "A New Early Neolithic Settlement: Karahan Tepe", *Neo-Lithics*.

55) Özdogan Eylem (December 2022), "The Sayburç reliefs: a narrative scene from the Neolithic". Published online by Cambridge University Press: 08 December 2022.

56) Özdogan Eylem (December 2022), "The Sayburç reliefs: a narrative scene from the Neolithic". Antiquity, Vol 96, Issue 390, 1599-1605,

57) Ibid.

58) William W. Hallo, *The Context of Scripture*, V1 Brill, 2003. 548.

59) 김남철, *메소포타미아 신화와 유물 이야기* (2012, 쿰란)에서 발표 한 내용을 수정하여 올림

60) David M. Role, *LEGEND*, 78-81,

61) John A Halloram, 23.

62) Ibid., 14.

63) Ibid.

64) W.M. Schniedewind & J.H. Hunt, *A Primer on Uraritic* (Cam-bridge:Cambridge University Press, 2007). 186.

65) David M. Role, *LEGEND*, 78-81; Samuel N. Kramer, 18-29.

66) Samuel N. Kramer, 57-58.

67) William W. Hallo, 450.

68) Dietz O. Edzard, *Sumerian Grammer*, Society of Biblical Literature, 2003. 13.

69) W.M. Schniedewind & J.H. Hunt, *A Primer on Ugaritic: Language, Culture and Literature,* Cambridge University Press, 2007. 186.

70) John Alan Halloran, 14-15.

71) Ibid., 45.

72) Ibid., 277.

73) 여기서 Ar의 사람들을 Aryan과 어원적으로 연계시켜 볼 수도 있 는 것 같다(Ar+yan, ian). 이들이 살던 Aratta 왕국은 이란 북부지 역을 포함하고 있었으며 이 지역은 고대 페르시아와 연계되고 '아리 안'이 고대 페르시아어에 등장하고 지금의 '이란'이라는 명칭과도 연 결되기 때문이다. 산스크리트어에서 '아리아'가 'noble'의 의미를 가 지고 있는데 이것은 Ar의 사람들 곧 '빛의 사람들, 현명한 율법의 사람들'인 Ar의 사람들과 통한다. 차후에 더 밝히고자 한다.

74) 창11:2 '미케뎀'은 엄밀하게 말하면 '동북쪽으로부터' 또는 '동남쪽으로'라고 표기 되어야 하지만 수천 년 전 세분화되지 않는 관례로 동쪽으로 표기되었다고 본다.

75) The Free Dictionary by Farlex, Online, Biblical Kush.

76) Strong's Hebrew:3327. Yitschaq, Bible Hub.

77) Ibid., 6215. Esav.

78) John Alan Halloran, 81.

79) Nemrut (volcano), Wikipedia.

80) 유재원, 터키, 1만 년의 시간여행 02, 책문, 2010, p. 297.

81) Bible Hub, Strong's Hebrew:5677. NAS Exhaustive Condordance.
82) Ibid., Strong's Hebrew:5677, Eber, Brown-Driver-Briggs Eber.
83) Mehmet ISIKLI and Birol CAN (ed), *International Symposiem on East Anatolia South caucasus Cultures Proceedings 1*, Cambridge Scholars Publishing, 2015, p. 126
84) 산헤립 시대 이전에 하란 가까운 지역에 에덴의 자손이라 불리는 사람들이 살았고, 산헤립 이후 100여년이 지나 에스겔은 (겔 27:23) 하란과 함께 에덴이라는 지명의 장소에 살던 이들이 있었음을 말하 고 있다. 창2:8의 에덴과 여기 에덴의 원어 차이는 모음 부호 차이 이다. 그리고 이 지역들은 본래 에덴에서 가까운 지역들 이다.
85) Sosson M., Kaymakci N., Stephenson R. A., Bergerat F., Starostenko V., (ed.), *Sedimentary Basin Tectonics from the Black Sea and Caucasus to the Arabian Platform*, The Geological Society, London, 2010, 438.
86) Peter Ed, *Sumerian Cuneiform English Dictionary*, 2015, 39.
87) Liverani, Mario (2013). *The Ancient Near East: History, Society and Economy.* Routledge. ISBN 978-1-134 -75084-9.
88) McMahon, Augusta (2013), "North Mesopotamia in the third millennium BC", *The Sumerian World*, 486-501,
89) David M. Rohl, 199.
90) John A. Halloran, 81.
91) Ibid., 153
92) The Free Dictionary by Farlex, Online, Biblical Kush.
93) Strong's Hebrew: 3572, Lexical Summary, Bible Hub.
94) C. F. Keil, & F. Delitzsch, *Commentary on the Old Testament.* Grand Rapids ; Eerdmans, 1982. 83.
95) Encyclopaedia Britanica Online, Amu Darya.
96) William C. Brice. 1981. Historical Atlas of Islam, Leiden with support and patronage from Encyclopaedia of Islam. ISBN 90-04-06116-9./ Svat Soucek 2000. A History of Inner Asia. Cambridge University Press. ISBN 0-521-65704-0).
97) Ibid.
98) Sosson M., Kaymakci N., Stephenson R. A., Bergerat F., Staros tenko V., ed. *Sedimentary Basin Tectonics from the Black Sea and Caucasus to the Arabian Platform*, The Geological Society, London, 2010, 441. Fig. 2.
99) Ibid., 486-494, Fig 1.
100) Ibid.,429-431, Fig. 18.
101) Richad Overy ed., *COMPLETE HISTORY OF THE WORLD:* 더 타임스 세계사, 왕수민 이기홍 역, 예경, 2016, 36.

< Further Reading >

<국외 문헌>

Albright. W. F. *From the Stone Age to Christianity*, Baltimore: The John Hopkins Press, 1957.

Alexander G. Findlay, *Asia Minor Ancient,Classical Atlas of Ancient Geography*, 1849

Ali Nourai, *An Etymological Dictionary of Persian, English and other Indo-European Languages*, Book Tenaissance.

Aruz, Joan. *Art of the First Cities*, New York: The Metropolitan Museum of Art,2003

Ascalone, Enrico. *Mesopotamia*, Berkeley, Los Angels, London: University of California Press, 2007.

Ayaz, Orhan; Celik, Bahattin; Cakmak, Fatma (27 December 2022). " STATUS SOCIETY"; SOCIOLOGICAL THINKING OF GÖBEKLI TEPE AND KARAHAN TEPE IN THE CONTEXT OF SOCIAL STRATIFICATION. Karadeniz Uluslararasi Bilimsel Dergi. 1 (56): 132.

Barnhart, Robert K. (ed), *THE BARNHART CONCISE DICTIONARY OF ETHMOLOGY (THE ORIGIINS OF AMERICAN ENGLISH WORDS)*, Harper Resource, 1995

Barton, George A., *ORIGIN AND DEVELOPMENT OF BABYLONIAN WRITING*, J. C. Hinrichs'sche Buchhandlung, Leipzig, The Johns Hopkins Press, Boltimore, 1913, Reprint by Isha Books, New Delhi, 2013

Beer, Robert *The Handbook of Tibetan Buddhist Symbols*, Boston: Shambhala, 2003.

Benz, M., Deckers, K., Rossner, C., Alexandrovskiy, A., Pustovoytov, K., Scheeres, M., Fecher, M., Coskun, A.,Riehl, S., Alt, K. W., & Oxkaya, V. (2015). Prelude to village life. Environmental data and building traditions of the Epipalaeolithic settlement at Körtik Tepe, Southeastern Turkey. *Paleorient*, 41(2), 9-30.

Beyerlin, W. ed., *Near Eastern Religious Texts Relating to the Old   Testament*, SCM Press, 1978.

Bienkowski, Piotr and Millard, Alan. *Dictionary of the Ancient Near East*, Philadelphia:University of Pennsylvania Press, 2000.

Black, Jeremy and Green, Anthony   *Gods, Demons and Symbols of Ancient Mesopotamia*, Austin: University of Texas Press, 2003.

Black, Jeremy. George, Andrew. Postgate, Nicholas. *A concise Dictionary of Akkadian*, 2nd printing, Harrassowitz Verlag, Wiesbaden, 2000

Botterweck, G. J. and Ringgren, H. translated by David E. Green, *Theological Dictionary of the Old Testament*, Grand Rapids: William B. Eerdmans Publishing Company, 1986.

Brown, S. S. ed. *The Jerome Biblical Commentary*. Englewood Cliffs: Prentice-Hall, 1968.

Brunnow R. *A Classified List of all Simple and Compound Cuneiform Ideographs*, Buchhandlung und Drucrerei, E J Brill Leiden 1897, Rudolf- Ernst Brünnow, printed in USA LVOW04* 1524271215

Burrows, M., *What Mean These Stones : The Significance of Archaeology for Biblical Studies*. New Heaven :American Schools   of Oriental Research. 1947.

Buttrick, George Arthur (ed). *The Interpreter's Dictionary of the Bible*, Nashville : Abingdon, 1956.

Calvin, John. *Calvin's Commentaries*, Edinburgh, 1847.

Candish, Robert S. *Studies in Genesis*. Grand Rapids: Kregel, 1979.

Caplice, Richard   *Introduction to Akkadian*, 4th ed. Roma: Editrice Pontificio Istituto Biblico, 2002

Carr-Gomm, Sarah. *Dictionary of Symbols in Art*. Oxford: Helicon, 1996.

Cassuto, U. A., *A Commentary on the Book of Genesis*. Part 1: From Adam to Noah; Part2: From Noah to Abraham, Jerusalem. 1961-64.

Charpin, Dominique. *Reading and Writing in Babylon*, Harvard University Press, 2010

Chiera, E. *They wrote on Clay. The Babylonian Tablets Speak Today.* Chicago, 1938.

Clayton, Peter. *Great Figures of Mythology.* Magna Book, 1990.

Collins, Andrew, *GÖBEKLI TEPE GENESIS OF THE GODS: The Temple of the Watchers and the Discovery of Eden*, Bear & Company, Rochester, Vermont, 2014

Collon, D. *First Impressions. Cylinder Seals in the Ancient Near East.* London, 1987.

Collon, Dominique *Western Asiatic Seals (Cylinder Seals V)*, London: British Museum Press, 2001.

Cooper, J. *Sumerian and Akkadian Royal Inscriptions I. Presargonic Inscriptions*, The American Oriental Society, 1986.

Crawford, J. *Sumer and the Sumerians.* Cambridge University Press, 1991.

Curry, Andrew (18 January 2008a). "Seeking the Roots of Ritual". *Science* (319): 278-280. Archived from the original on 15 April 2012.

_____, (2008b). "Göbekli Tepe: The World's First Temple?" *Smithsonian* Vol. November 2008.

Dalley, S. *Myths from Mesopotamia: Creation, the Flood, Gilgamesh and Others.* Oxford University Press, 1989.

Delitzsch, Frederic, *The Hebrew Language in the Light of Assyrian Research,* Williams and Norgate 1883, Leopold Classic Library.

Davidson, Robert. *The Cambridge Bible Commentary.* London : Cambridge University Press, 1979.

Devries, LaMoine F. *Cities of the Biblical World*, Peabody: Hendrickson Publishers, Inc., 1997.

Dietrich, Oliver; Dietrich, Laura; Notroff, Jens (2017). "Cult as a Driving Force of Human History: A View from Govekli Tepe". *Expedition.* Vol. 59, no. 3. Philadelphia, PA: Penn Museum.

Douglas, Wallace *The Search for Adam and Eve.* Newsweek,

1988. January 11.

Edzard, Dietz Otto. *Sumerian Grammer*, Society of Biblical Literature, 2003.

Elder, J. Prophets, *Idols and Diggers*, New York:Bobbs Merill, 1960.

Elzlak, Faherettin. Osmanli DÖneminde *Keban-Ergani YÖresined Madenc-lik* (1775 -1850), Ankara, TÜrk Tarih, Kurume, 1997

Exell, Joseph S. *The Biblical Illustrator.* Grand Rapids:Baker, 1973

Fagan, Brian M. *Introductory Readings in Archaealogy.* Boston : Little. Brown and Company. 1970.

Foxvog, Daniel A. *Introduction to Sumerian Grammer*, 2014

Frankfort, H. et al. *The Intellectual Adventure of Ancient Man.* Chicago, 1946.

Freedman, D. N. and Greenfield, J. C. *New Directions in Biblical Archaeology.* New York:Doubleday and Company Inc. 1969.

Frymer-Kensky, T. "The Atrahasis Epic and Its Significance for Understanding of Genesis 1-9." *Biblical Archaeologist* 40, 1977, pp. 147-155.

Gagarin, Michael (31 December 2009), *Ancient Greece and Rome, vol. 1*, Oxford University Press, Incorporated, p. 247.

Gimbutas, M. A. *The Livings Goddesses*, University of California Press, 2001.

Gimbutas, M. A. *The Language of the Goddess*, Thames & Hudson, 2006.

Gordon, C. Rendsburg G. and Winter, N. Eblaitica, *Essays on the Ebla Archives and Eblaite Language.* Winona Lake. Eisenbrauns, 1987.

Guest, John S. *The Euphrates Expedition*, London & New York: Kegan Paul International, 1992.

Guthrie D. & Motyer, J. A. ed. *The New Bible Commentary* (Revised). Grand Rapids ; Eerdmans, 1970.

Haklay, Gil; Gopher, Avi (2020). "Geometry and Architectural Planning at Göbekli Tepe, Turkey". Cambridge Archaeological Journal. 30 (2): 343-357.

Hallo, W. W. and Simpson, W. K. *The Ancient Near East*. New York, 1971.

Hallo, W. W. *The Context of Scripture*, vol. I - Ⅲ, Leiden Boston: Brill, 2003.

Halloran, John Alan *Sumerian Lexicon*, LosAngels : Logogram Publishing, 2006.

Hâmit zûveyr Kosay, *Keban Project Pulur Excavations 1968-1970*, Ankara, 1976

Harper, A. F. ed. *Beacon Bible Commentary*. Kansas ; Beacon Hill Press, 1969.

Harpur, James. *Sacred Places*. London: Cassell, 1994.

Harris, Robert L. *The World of the Bible*, New York: Thames & Hudson, 1995.

Hayes John L., *A MANUAL OF SUMERIAN GRAMMAR AND TEXTS*, Second Revised and Expanded Edition, UNDENA PUBLICATIONS, Malibu, 2000, Second Printing 2001

Hayim ben Yosef Yawil, *AN AKKADIAN LEXICAL COMPANION FOR BIBLICAL HEBREW*, Etymological-Semantic and Idiomatic Equivalents with Supplement on Biblical Aramaic, KTAV PUBISHING HOUSE INC., Jersey, 2009

Heidel, A. "The Eridu Genesis" *Journal of Biblical Literature* 100(1981). pp. 513-29.

_____ *The Babylonian Genesis. The Story of Creation*. The University of Chicago Press, 1951.

_____ *The Gilgameah Epic and Old Testment Parallels*. University of Chicago Press, 1963.

_____ *The Treasures of Darkness. A History of Mesopotamian Religion*. New Haven, 1976.

Hoerth, Alfred J. *Archaeology & the old Testament*, Grand Rapids: Baker House, 2003.

Hunt, Norman Bancroft, *Historical Atlas of Ancient Mesopotamia*, New York: Checkmark Books, 2004.

Isikli, Mehmet and Can, Birol (ed.), *International Symposium on East Anatolia South Caucasus Cultures Proceedings I*,

Cambridge Scholars Publishing, 2015

Jacobsen, T. H. *The Sumerian King List.* Chicago, 1939.

Karul, Necmi (2021), "Buried Buildings at Pre-Pottery Neolithic Karahantepe / Karahantepe Canak-Comleksiz Neolitik Donem Gomu Yapilari 2021. Turk Arkeolkoji ve Etnografya Dergisi 86 (86):22.

Keel, Othmar. keel-Leu, Hildi. Schroer, Silvia, *Studien zu Den Stempelsiegeln Aus Palastina/Israel,* Universitatsverlag Freiburg Schweiz, 1989.

Keil, C. F. & Delitzsch, F. *Commentary on the Old Testament.* Grand Rapids ; Eerdmans, 1982.

Kenyon, K. M. *Archaeology in the Holy Land.* New York : Frederick A. Praeger. Publisher, 1960.

_____ "The Patriarchal Age : Myth or History", *BAR* 21-2, 1955.

Kidner, Derek. *The Tyndale Old Testament Commentaries.* Downers Grove ; I. V. P, 1967.

Kikawada, I. M. and Quinn, A. *Before Abraham was:* The Unity of Genesis 1-11. Nashville. Abingdon, 1985.

Kim, Nam-Chul, *Eden & Mesopotamia,* trans. Lee Gayoung, BARA, 2021.

Koksal-Schmidt, Cigdem; Schmidt, Klaus (2010). "The Göbekli Tepe "Totem Pole": A First Discussion of an Autumn 2010 Discovery (PPN, Southeastern Trukey)". *Neo-Lithics.* 2010 (1): 74-76.

Kramer, S. N. "The Sumerian Deluge Myth. Reviewed and Revised." *Anatolian Studies* 33 (1983). pp. 115-121.

_____, *Sumerian Mythology.* 3rd ed. University of Pennsylvania Press. Philadelphia, 1972.

_____, *The Sumerians: Their History, Culture, and Character.* The University of Chicago Press, 1963.

_____, *History Begins at Sumer.* Thirty-nine Firsts in Man Recorded History. The University of Pennsylvania Press, 1981.

Lamberg-Karlovsky, C. C. and Sabloff, Jeremy A. *Ancient Civilizations.* Menlo Park : The Benjamin/ Cummings Publishing

Company. Inc. 1979.

Lambert, W. G. "A New Look at the Babylonian Background of Genesis.", *Journal of Thological Studies* 16 (1965). pp287 ⁻300.

_____, "*Old Testament Mythology in its Ancient Near Eastern Context.*" Congress Volume:Jerusalem, 1986 (VT Supplement 40, 1988). pp. 124-143.

Lambert, W. G. and Millard, A. R. *Atra-Hasis*. The Babylonian Story of the Flood. with The Sumerian Flood Story by M. Civil. The Clarendon Press. Oxford, 1969.

Leick, G. *A Dictionary of Ancient Near Eastern Mythology.* London. Routledge, 1991.

Leick, Gwendolyn *A Dictionary of Ancient Near Eastern Mythology,* London & New York: Routledge, 1998.

_____, *Mesopotamia: The Invention of the City,* London: Penguin Books, 2001.

_____, *Who's Who in the Ancient Near East,* London and New York: Routledge, 2002.

Lewis-Williams, David; Pearce, David (January 2006). "An Accidental revoluthon? Early Neolithic religion and economic change". *Minerva.* 17 #4 (July/Agust, 2006): 29-31.

Loon, Maurits N. (ed), *Korucutepe 2,* North-Holland Publishing Company, Amsterdam New York, Oxford, 1978

Majupuria, Trilok Chandra & Kumar(Majupria), Rohit. *Gods, Goddesses & Religious Symbols of Hinduism, Buddhism & Tantrism,* Kathmandu:Modern Printing Press, 2011.

Mann, Charles C. (2011). "The Birth of Religion: The World's First Temple". National Geographic. Vol. 219, no. 6 ⁻ June 2011.

Marzahn, Joachim *The Ishtar Gate,* Mainz: Verla Philipp von Zabern, 1995.

Mathews, Kenneth A. *The New American Commentary Genesis I, II,* Broadman & Holman Publishers, 1996.

Matthews, V. H. and Benjamin, D. C. *Old Testment Parallels. Laws and Stories from the Ancient Near East,* New York.

Paulist Press, 1991.

Mehmet Ozdogan, Nezih Basgelen, Peter Kuniholm(ed.), *THE NEOLITHIC IN TURKEY: THE EUPHRATES BASIN*, Archaeology & Art Publications, 2011

_____, *THE NEOLITHIC IN TURKEY: THE TIGRIS BASIN*, Archaeology & Art Publications, 2011

Metin Text, 1968 *SUMMER WORK*, Middle East Technical University Keban Project Publications Serial No. I – Publication No. I, Turk Tarih Kurumu Basimevi, Ankara 1970

Matthiae, Paolo   *Ebla: An Empire Redicovered*, Translated by Christopher Holme, London Sydney Auckland Toronto: Hodder and Stoughton, 1979.

Mettinger, T. N. D. *In Search of God. The Meaning and Message of the Everlasting Names.* Fortress Press, 1988.

Millard, A. R. and Wiseman, D. J. ed., 1983 *Essays on the Patriarchal Narratives.* Inter-Varsity Press. 1989.

Mitchell, T. C. *Biblical Archaeology: Documents from the British Museum.* Cambridge University Press, 1988.

Moorey, P. R. S.   *The Ancient Near East*, Oxford: Ashmolean Museum, 1987.

Morris, P. and D. Sawyer. *A Walk in the Garden Biblical, Cono-graphical and Literary Images of Eden.* Sheffield Academic Press. 1990.

Naveh, Joseph. *Origions of the Alphabets.* Palphot Ltd, 1994.

Negev, A. ed., *The Archaeological Encyclopedia of the Holy Land.*   Third edition. New York. Prentice Hall Press, 1986.

Oates, J. *Babylon.* revised edition. London: Thames and Hudson, 1986.

O'Brien J. and Major, W.   *In the Beginning. Creation Myths from Ancient Mesopotamia. Israel and Greece.* Scholars Press, 1982.

O'Neil, Amanda. *Biblical Times.* Crescent Books, 1992.

_____, *Historical Facts Biblical Times.* Surrey : Colour Library Book LTD., 1992.

Ozkaya, Bcihi; Coskun, Aytac (2010). "Körtik Tepe, a new

Pre-Pottery Neolithic A site in south-eastern Anatolia". *Antiquity.* 83 (320).

Ozkaya, Becihi; Siddiq, Abu B. (25 October 2023). "Körtik tepe in the Origin and Development of the Neolithic in Upper Mesopotamia". *The Epipalaeolithic and Neolithic in the Eastern Fertile Crescent.* Routledge. pp. 138-168.

Pal, Pratapaditya Himalayas: *An Aesthetic Adventure,* Chicago: The Art Institute of Chicago, 2003.

Peter, Bently. *The Hutchinson Dictionary of World Myth,* Helicon, 1995.

Peters, John Punrrett. *Nippur or Explorations and Adventures on the Euphrates,* Volume 2, London: Elibron Classics, 2005.

Peter Ed, *Sumerian Cuneiform English Dictionary,* 2015

Peters, Joris; Schmidt, Klaus (2004). "Animals in the symbolic world of Pre-Pottery Neolithic Göbekli Tepe, south-eastern Turkey: a preliinary assessment". *Anthropozoologica.* 39 (1).

Pettinato, G. *The Archives of Ebla.* New York, 1981.

Pfeiffer, C. F. & Harrison, E. F. ed. *The Wycliffe Bible Commentary,* Chicago ; Moody Press, 1962.

Pfeiffer, C. F. *Old Testament History.* Grand Rapids : Baker Book House Co. 1987.

_____, *The Biblical World : A Dictionary of Biblical Archaelolgy.* Grand Rapids :Baker Book House Co. 1976.

Postgate, J. N. *Early Mesopotamia. Society and economy at the dawn of history,.* London. Routledge, 2009.

Prichard, J. B. *The Ancient Near Eastern Texts (Relating to the Old Testment),* 3rd ed., Princeton University Press, 1969, 5th printing, 1992.

Reade, Julian *Mesopotamia,* London: The British Museum Press, 2006.

Redman, Charles L. *The Rise of Civilization.* San Francisco : W. H. Freeman & Company, 1978.

Roaf, M. *Cultural Atlas of Mesopotamia and the Ancient Near East.* Facts on File. New York, 1990.

Roberts, J. J. M. *The Earliest Semitic Pantheon. A Study of the Semitic Deities Attested in Mesopotamia before Ur III.* The Johns Hopkins University Press, 1972.

Robinson, Andrew. *The Story of Writing*, London: Thames & Hudson, 2003.

Rohl, David M. *From Eden to Exile*, Lebanon: Greenleaf Press, 2009.

_____, *Legend: The Genesis of Civilisation*, London: Arrow, 1998.

Roux, George. *Ancient Iraq*, London: Penguin Books, 3rd ed., 1992.

Sarah, Carr-Gomm *Dictionary of Symbols in Art*, Oxford: Helicon Publishing Ltd, 1996.

Sayce, A. H. *Assyrian Grammer*, Eugene: Wipf & Stock Publishers, 2002.

Scham, Sandra (2008). "The World's First Temple". *Archaeology.* 61 (6 November/December 2008).

Schmidt, Klaus (1999). "Boars, Ducks, and Foxes- the Urfa-Project 99". *Neo-Lithics.* 1999 (3): 12-15

Schmidt, Klaus (2000a). "Göbekli Tepe and the rock art of the Near East". *Tuba-Ar* (3): 1-14.

_____, (2000b). "Govekli Tepe, Southeastern Turkey. A preliinary Teport on the 1995- 1999 Excavations". *Paleorient.* 26 (1). Paris: 45-54.

_____, (2010). "Göbekli Tepe- the Stone Age Sanctuaries: New results of ongiong excavations with a special focus on sculptures and high reliefs:. Gocumenta Praehistirica. 37 (XXXVII): 239-56.

_____, (2012) "Anatolia". In Potts, Daniel (ed.). *A Companion to the Archaeology of the Ancient Near East.* Oxford: Blackwell. 144-160.

Schniedewind, William M., Hunt, Joel H. *A Primer on Ugaritic: Language, Culture and Literature*, Cambridge University Press, 2007.

Schonidke, Jlia (2019). "There and Back Again- Towards a New Understanding of Abandonment Practices at the Neolithic Settlement of Göbekli Tepe". Bridging the Gap: Disciplines, Ties, and Spaces in Dialogue. Bol, 1. 210-237.

Shaffer, A. "Gilgamesh, the Cedar Mountain and the Mesopotamian History.", *Journal of the American Oriental Society*. 103 (1983). pp. 307-314.

Shanks, Hershel. Scrolls, Scripts Stela. *Biblical Archaeology Review*, Sep.-Oct. 2002.

Shephered, William R. *The Historical Atlas*, The Macedonian Empire, 336-323 B.C. 1923.

Siddiq, A. B., Sahin, F. S., & Ozkaya, V. (2021). Local trnd of symvolism at the dawn of the Neolithic: The painted bone plaquettes from PPNA Körtiktepe, Southeast Turkey. *Archaeological Research in Asia*, 26(100280).

Sjorberg, A. and E. Bergmann. *The Collection of the Sumerian Temple Hymns*. TCS III. New York, 1969.

Sollberger, E. *The Babylonian Legend of The Flood*, London. The British Museum, 1971.

Sosson M., Kaymakci N., Stephenson R. A., Bergerat F.,Starostenko V., ed. *Sedimentary Basin Tectonics from the Black Sea and Caucasus to the Arabian Platform*, The Geological Society, London, 2010.

Spray, Aaron (31 October 2021). "Karahan Tepe is Called The 'Sister Site' Of Göbekli Tepe In Turkey (And Is Just As Old). *The Travel*.

Speiser, E. A. *Genesis*. The Anchor Bible. Garden City. New York, 1964.

Streep, Peg *Santuaries of the Goddess*, New York: A Bulfinch Press Book, 1994.

The American Schools of Oriental Research, *Near Eastern Archaeology*, Vol.68, No3, September 2005.

Thomas, D. W. *Document from Old Testament*. London :Thomas Nelson and Sons. 1962.

Thomas, Sean (8 May 2022). "Is an unknown, extraordinarily ancient civilisation buried under eastern Turkey?". *Spectator Magazine*..

Thompson, J. H. *The Bible and Archaeology.* Grand Rapids: William B. Eerdmans Publishing Co. 1982.

Tsumura, D. T. *The Earth and the Waters in Genesis 1 and 2.* Sheffield Academic Press, 1989.

Unger, M. F. *Archaeology and the Old Testament.* Grand Rapids : Zondervan Publishing House. 1954

Vine, W. E. *An Expository Dictionary of Biblical Words,* New York: Thomas Nelson Publishers, 1985.

Vos, H. F. *Beginnings in Bible Archaeology.* Chicago : Moody Press. 1978

Waddell, L. A. *A Sumer Aryan Dictionary,* London: Luzac & Co. 1927.

Waddell, L. A. *Indosumerian Seals Deciphered,* Eelhi Varanasi: Indological Book House, 1972.

Waddell, L. A. *The Aryan Origin of the Alphabet,* London: Martino Publishing, 2010.

Walker, C.B.F. *Cuneiform,* University of California Press/ British Museum, 2004.

Walton, J. H. *Ancient Israelite Literature in its Cultural Context.* Michigan. Zondervan Publishing House, 1989.

Westbrook, R. *Studies in Biblical and Cuneiform Law.* Paris, 1988.

Whallon, Robert, AN ARCHAEOLOGICAL SURVEY OF THE KEBAN RESERVOIR AREA OF EAST-CENTRAL TURKEY, ANN ARBOR, 1979.

Whitcomb, John C. and Morris, Henry M. *The Genesis Flood.* Grand Rapids : Baker Book House. 1991.

Wiseman, D. J. *Archaeology and the Bible : An Introduction Study.* Grand Rapids :The Zondervan Corporation. 1979.

Woods, Christopher. *Visible Language,* Chicago: Oriental Institute Museum Publications, 2010.

Wooley, C. L. *The Royal Cemetery(Ur Excavation 2)*. London, 1934.

_____, *The Sumerians,* New York London:W.W. Norton & Company, 1965.

Yayina Hazirlayan ve Tamamlayan, Deleyenler, Izimler. Gotograflar ve Kitap Duzeni, KEBAN BARAJ GÖLÜ YÖREXİ HALKBİLİM ARAŞTIRMALARI, Orta Dogy Teknik Universitesi, Keban projesi Yayinlari, serl II No.3, Türk Tarih Kurumu Basimevi, Ankara Birinci Baski: Aralik 1980.

Yuri Shilov *Ancient Histioy of Aratta-Ukraine 20,000 BCE -1000 CE,* Trishula Translstions, 2015.

<번역 문헌>

Allis, O. T.「모세오경」김정우 역. 서울: 기독교문 서선교회, 1991.

Barnhouse, D.「성경의 권위와 내용」이종태 역. 서울: 생명의 말씀사, 1987.

Bottero, J.「메소포타미아」최경란 역. 서울: 시공사, 1998.

Brackman, A. C.「니네베 발굴기」안경숙 역. 서울: 대원사, 1990.

Bruce, F. F.「구약사」유행열 역. 서울: 기독교문서 선교회, 1991.

Campbell, J. 「신화의 힘」이윤기 옮김. 서울: 이끌리오, 2002.

Ceram, C. W.「낭만적인 고고학 산책」안경숙 역. 서울: 대원사, 1996.

Ceram, C. W. 「몽상과 매혹의 고고학」강미경 랜덤하우스, 2008.

Ceram, C. W. 「발굴과 해독」오흥식 옮김 푸른역사, 2003.

Claude L. S.「신화와 의미」임옥희 역. 서울: 이끌리오, 2000.

Frazer J. G.「인류 민속학」이양구 역. 서울: 강천, 1996.

Frankfort, H. 외.「고대 인간의 지적 모험」이성기 역. 대원사, 1996.

Golovin, S., Eliade, M., Campbell, J. 「세계 신화 이야기」이기숙, 김이섭 공역. 서울: 까치, 2001.

Gusdorf, G. 「신화와 형이상학」김점석 옮김. 파주: 문학동네,2003.

Harrison, R. K.「구약 성경 고고학」윤창렬역. 서울: 한국기독교교육연구원, 1984.

Herodotos.「역사」김봉철 옮김. 도서출판 길, 2016.

Kramer, S. N. 「 역사는 수메르에서 시작되었다 」 박성식 옮김. 서울: 가람기획, 2005.

Kidner, D. 「 창세기 」, 한정건역, 서울:기독교문서 선교회, 1994.

Leupold, H. C.「창세기 (상)」최종태 역. 서울: 크리스챤 서적, 2000.

Livingstone, G. H.「모세오경의 문화적 배경」김의원 역. 서울:기독교 문서 선교회, 1991.

Overy Richard (ed), THE TIMES COMPLETE HISTORY OF THE WORLD, Times Books 4th Edition, 2010,「더 타임스 세계사」. 왕수민, 이기홍 옮김, 예경, 서울, 2016.

Rohl, D. M.「문명의 창세기」김석희 옮김. 서울: 해냄, 2000.

Ross, A. P.「창세기」강성렬 역. 서울:두란노, 2005.

Sandars, N. K.「길가메시 서사시」이현주 옮김. 서울: 범우사, 1999.

Sheiffer, F.「창세기의 시공간성」서울:생명의 말씀사, 1986.

Toynbee, A. J.「역사의 연구」홍사중 옮김. 서울: 동서문화사, 2010.

Wenham, G. J.「창세기(상)」박영호. 솔로몬, 2000.

中澤新一.「신화, 인류 최고의 철학」김옥희 옮김. 서울: 다산글방, 2002.

마르크 반 드 미에룹.「고대 근동역사」김구원 옮김. 서울: 기독교문서 선교회, 2010.

요시다 아츠히코.「세계의 신화전설」하선미 옮김. 파주:혜원출판사, 2011.

헨리 M. 모리스.「창세기 연구(상)」정병은 옮김. 일산:전도출판사, 2003.

미르세아 엘리아드.「신화와 현실」이은봉 역. 서울: 성균관대학교 출판부, 1998.

캐서린 윌트셔 외.「대영박물관 유물로 보는 세계사 연표」청아출판사, 2007.

<국내문헌>

「구약원어 신학사전」서울: 요단출판사, 1986.

김남철.「성경을 증거하는 메소포타미아 신화와 유물이야기」, 서울:쿰란, 2012.

-----,「에덴의 발견」BARA 출판사, 2017.

-----,「Eden & Mesopotamia」, 이가영 역, BARA, 2021.

-----,「에덴의 발견」증보판, BARA 출판사, 2024.

김성일 외.「한 민족 기원 대탐사」창조사학회, 1999.

서울대학교. 종교문제연구소.「신화와 역사」, 서울대학교 출판부, 2003.세계아카데미.「세계의 창조신화」, 동방미디어, 2002.

양승영 편저, 지질학 사전, 교학연구사, 2판, 2010.

엄원식.「히브리 성서와 고대근동문학의 비교연구」서울:한들출판사, 2000
원용국.「성서 고고학 사전」생명의 말씀사, 1984.
유재원. 터키, 1만 년의 시간여행 01, 책문, 2010.
_____. 터키, 1만 년의 시간여행 02, 책문, 2010.
장국원.「고대 근동 문자와 성경」기독교 문서 선교회, 1996.
제자원.「옥스퍼드 원어성경 대전 창세기 I」서울: 성서교재(주), 1998.

3ARA

그림 100
괴베클리 테페
신전 B
중앙 기둥

최근의 고고학을 통한 여정

에덴에서 시날까지

괴베클리, 카라한, 코르틱 테페와 검은 토기 이동을 따라

저자: 김 남 철(Th.D)

*(전) 안양대학, 서울기독대학 신대원 강사

*(전) 총신대학 객원교수

*(재) 성경N메소포타미아 유물관(BARA) 대표이사

*저서: 메소포타미아 신화와 유물이야기,(쿰란 출판사, 2012)
에덴의 발견, (BARA, 2017)/ Eden & Mesopotamia,
(BARA, 2021)/에덴의 발견,증보판, (BARA, 2024) 외

© 2026 김남철

발행처　　BARA

사　진　　김남철 / 스케치　안미자

주　소　　김포시 김포한강11로 287, 202-2401

전　화　　010 6358 9805

홈페이지　www.bara7.org

E-mail　menorah7@naver.com

출판등록 제 409-2020-000034호

등록일　　2020년 8월 10일

ISBN　979-11-960564-4-5 03900